什么是新时代的雷锋精神

主　　编　闫　玉
副 主 编　孔德生　王雪军
本册作者　杨　雪　李　松

中华工商联合出版社

图书在版编目（CIP）数据

什么是新时代的雷锋精神 / 杨雪编著. --北京：中华工商联合出版社，2014.3

ISBN 978-7-80249-982-9

Ⅰ. ①什… Ⅱ. ①杨… Ⅲ. ①雷锋精神－青年读物②雷锋精神－少年读物 Ⅳ. ①D64-49

中国版本图书馆 CIP 数据核字（2014）第 034648 号

什么是新时代的雷锋精神

作　　者：杨　雪
出 品 人：徐　潜
策划编辑：魏鸿鸣
责任编辑：徐彩霞
封面设计：徐　超
责任审读：郭敬梅
责任印制：迈致红
出版发行：中华工商联合出版社有限责任公司
印　　刷：固安县云鼎印刷有限公司
版　　次：2014 年 4 月第 1 版
印　　次：2021 年10月第 2 次印刷
开　　本：155mm×220mm　1/16
字　　数：72 千字
印　　张：11.25
书　　号：ISBN 978-7-80249-982-9
定　　价：38.00 元

服务热线：010－58301130
销售热线：010－58302813
地址邮编：北京市西城区西环广场 A 座 19－20 层，100044
http://www.chgslcbs.cn
E-mail：cicap1202@sina.com（营销中心）
E-mail：gslzbs@sina.com（总编室）

目录 Contents

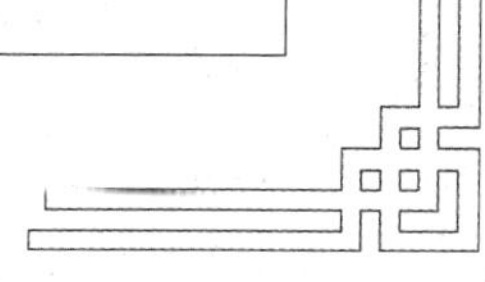

前　言

“如果你是一滴水，你是否滋润了一寸土地？如果你是一线阳光，你是否照亮了一分黑暗？如果你是一颗粮食，你是否哺育了有用的生命？如果你是一颗最小的螺丝钉，你是否永远守在你生活的岗位上？如果你要告诉我们什么思想，你是否在日夜宣扬那最美丽的理想？你既然活着，你又是否为了未来的人类生活付出你的劳动，使世界一天天变得更美丽？我想问你，为未来带来了什么？在生活的仓库里，我们不应该只是个无穷尽的支付者。”

《雷锋日记》里的这段话，让人不由对自己、对未来、对价值、对生命引起深思。

进入21世纪以后，纷繁复杂的社会现实，多元文化的广泛入侵，对人的价值观念、思维方式产生了很大影响。各种贪污腐败事件、食品安全事件等，都叩击着人的心弦，挑战着社会的道德底线，我们不禁要问：这个社会怎么了？

因此，许多人的内心深处都在呼喊，雷锋精神何以如此缺失？是雷锋精神失去现实意义了吗？

而当我们沉痛于一件件让人心生绝望的事件之后，我们依旧还能在电视或报纸上看到许多的“最美”，如最美妈妈吴菊萍为救坠楼而下的婴儿，义无反顾地张开双手，接住了一个幼小的生命；最美教师张丽娜，毅然推开学生，自己却被车碾到车下，造成了双腿截肢；最美司机吴斌，在被铁块击中、生命垂危之际，为保全车上的24名乘客，强忍剧痛完成了一系列安全停车操作；最美护士何遥，为救病人两次被病人打晕，却拼死拖住坠在窗外的病人；最美奶奶陈贤妹，毅然救起被碾的婴儿小悦悦，给人心的冷漠带来一丝温暖……

这一件件舍己助人、奉献爱心的事，虽然微小，却如同冬日里的一缕阳光，让我们相信，真情还在，真爱还在。

其实，雷锋从未离开过我们。他以一种新的灵魂活在了人间。在现代传媒技术飞速发展的今天，人们有了更多的言论表达平台，因而不仅黑暗得到披露，许多常年做好事的“活雷锋”也被给予了关注。他们的行为不再被人漠视，他们的精神终于得以更好的传扬，他们的生命也得到了一丝慰藉。他们用自己最质朴的双手、最温暖的心，给那些需要关怀的人及我们社会以最大的关怀与温暖。他们用青春与热血谱写了一曲曲生命的赞歌。这种无私奉献、助人为乐、爱岗敬业的雷锋精神依旧深深地震撼着我们，让我们相信，雷锋精神依旧拥有持久的魅力，一定会在未来的舞台上，绽放出美丽的光彩。

一、雷锋精神代代相传

雷锋精神产生于 20 世纪五六十年代，也就是新中国成立以及社会主义建设时期。在这个特殊的时期，刚刚解放的中国人民正处于极大的幸福之中，尤其是中国共产党的领导，使处于风雨飘摇中的中国重新站立起来，并以崭新的面貌立于世界之林。因而，在社会主义建设时期，一大批充满热情、为社会主义奋斗终生的人物涌现出来，他们共同谱写了生命，为雷锋精神注入丰富的内涵。

而雷锋，就是这个时代背景下最突出的体

现者。一个二十多岁的小伙子，用自己诚挚的心，用自己辛勤的汗水，坚定地追随着党，追随着人民，并以自己的生命，投身社会主义的建设。这种革命的献身精神，最终鼓舞了许多的社会主义建设者。雷锋全心全意为人民服务的核心精神，也成为雷锋精神最主要的内容。

（一）雷锋精神的产生

马克思主义哲学说，物质决定意识，因而雷锋精神的产生必然与当时的物质生活以及社会现状有着密切的联系。

1. 雷锋精神产生的历史背景

雷锋精神的产生有着深刻的历史根源。1840年，中国签订了第一个不平等条约《南京条约》，使整个繁盛统一的封建王朝瞬间沦为半殖民地半封建社会，从此中国人民开始遭受封建主义和帝国主义的双重压迫。直到新中国成立，广大人民才结束颠沛流离、水深火热的生活，其间所遭受的艰辛与苦难，是我们无法想象的。因此，当毛主席在天安门广场上无比自豪地宣布中华人民共和国成立的时候，整个国家一片沸腾，所有的人都处于极度的狂欢与激动中。

中国共产党能够得到广大群众的拥护，与中国共产党一直奉行的宗旨、路线等是分不开的。中国共产党从成立之日起，就提出了自己的奋斗目标："以无产阶级革命军队推翻资产阶级，由劳动阶级重建国家，直至消灭阶级差别；采用无产阶级专政，以达到阶级斗争的目的——消灭阶级；废除资本私有制，没收一切生产资料，如机器、土地、厂房、半成品等，归社会所有；联合第三国际。"这些虽与后来确立的纲领路线不完全相同，但都共同反映了解决人民问题、为人民办事的做事风格，与后来确立的全心全意为人民服务的宗旨不谋而合。尤其是在解放战争时期，即便在那样艰苦的环境下，中国共产党依旧不拿百姓一针一线，与百姓共同生产奋斗，终于冲破了敌人的封锁，并与百姓建立了深厚的感情。这些，都为中华人民共和国的成立以及后来的社会主义建设奠定了基础。

1949 年，中华人民共和国成立了，中国从此开始了一个新纪元，不仅确立了中华人民共和国的国体、政体，而且还规定了我国的政权组织形式、对外政策、经济政策等。尤其是土地改革在全国范围内轰轰烈烈的展开，即使是贫穷的湖南市望乡县，1950 年的时候雷锋也分得了 3.6 亩耕地。这足以说明，这次的土地改革范围之广、程度之深，使人民从根本上摆脱了地主阶级的压迫，真正实现了当家做主。同时，“为了实现《共同纲领》提出的发展民族的、科学的、大众的文化的目标，党确立了思想宣传工作的方针任务，有步骤地开展对旧有学校教育制度和社会主义事业的改革，争取和鼓励知识分子为人民服务参加新中国建设”。之后，国家陆续发行了《毛泽东选集》一、

二、三卷，并在青年、知识分子和各界人士中形成学习热潮。虽然《共同纲领》不是一部正式的宪法，但对当时的社会主义的改造、建立，以及社会主义建设具有重要的指导意义。

从 1949 年 10 月至 1956 年夏秋，是中国实施社会主义改造的时期。为了建设社会主义，实现工业化，1952 年年底，党中央按照毛泽东同志的建议，提出了党在过渡时期的总路线，指明了中国由新民主主义过渡到社会主义的任务、途径和步骤。当时，中国的国民经济基本得到恢复，私营工业产值的 56%已经属于加工、订货、统购、包销等初级形式的国家资本主义；全国已有 40%的农户参加了互助组。这些都为社会主义社会的建设奠定了基础。随着过渡时期总路线的展开，社会主义工业化及对农业、手工业和资本主义工商业的改造都如期进行。这不仅顺应了国家经济发展的需要，而且符合了人民进入社会主义社会的愿望，对中国有着重要的意义。正如毛主席在 1954 年 9 月 15 日第一届全国人民代表大会上所说：“我们有充分的信心，克服一切艰难困苦，将我国建设成为一个伟大的社会主义共和国。我们正在前进，我们正在做我们的前人从来没有做过的极其光荣伟大的事业。”中国革命的伟大胜利，以及随之而来的建设热情，都为雷锋精神的产生奠定了基础。

在中国社会主义制度确立的同时，另一个重大的问题又一次摆在国人面前，那就是如何建设社会主义。这一探索是从 1956 年春天的一次谈话开始的。当时，国际关系趋于缓和，世界经济与科学技术的迅速发展，为中国大规模建设提供了难得的机遇。而 1952 年 2 月苏联共产党第二十次代表大会上，赫鲁晓夫尖锐地揭露了斯大林建设社会主义出现的重大失误，并对个人崇拜造成的严重后果进行了深刻的披露。这对毛泽东重新认识斯大林模式有重要意义，使毛主席更加实事求是地根据中国国情，适当借鉴苏联经济建设正反两方面的经验，做出了社会主义建设的初步探索。可以说，苏共二十大的召开，对《论十大关系》的形成，有着不可或缺的作用。《论十大关系》是我国老一辈革命家探索社会主义道路取得的新成果，为我国如何处理十种关系，如何按照社会主义的经济规律办事等提供了重要依据。

1957 年，我国第一个五年计划超额完成。这一时期，不仅实现了对农业、手工业和资本主义工商业的改造，而且 1956 年时已出现农业合作化、工业合作化的高潮。这不仅促使社会主义改造取得巨大胜利，而且对社会主义基本经济制度的建立以及社会主义经济在社会中占据统治地位，都具有极其重要的作用。但是，在农业合作化的过程中，也开始暴露出一些弊端，如急于求成，工作冒进。为了实现 1956 年提出的“赶超英美”的目标，1958 年 5 月，中国共产党第八次代表大会第二次全体会议通过了“鼓足干劲，力争上游，多快好省地建设社会主义”的总路线。在农业方面，大力发展人民公社运动，不断鼓吹粮食产值；在工业方面，“大炼钢铁”。虽取得了一定的成就，但这场运动不仅浪费了大量的人力物力，而且对我国整个经济的发展造成极其严重的影响。

但是，即使处于最艰难的时期，尤其是面对资本主义国家的封锁以及苏联无情地撕毁和约、撤销援助，党和人民依旧团结一致，以极大的热情和最大的精力建设社会主义。也正是在这样一个历史时期，我国涌现出了众多的英雄模范，如高炉卫士孟泰、河南兰考县委书记焦裕禄、大庆石油工人王进喜、人民解放军战士雷锋、科学家钱学森、李四光、钱三强以及两弹元勋邓稼先等。他们用自己的勤劳与智慧，甚至用生命谱写了一首赞歌。他们的精神也是那个时代的缩影。也正是这些人，才使整个历史的天空，闪现出最耀眼的光辉。

2. 雷锋的精神

雷锋

哥哥说：他是一幅美丽的画，
姐姐说：他是一首悦耳的歌，
妈妈说：他是月亮，
是盏指路的明灯；

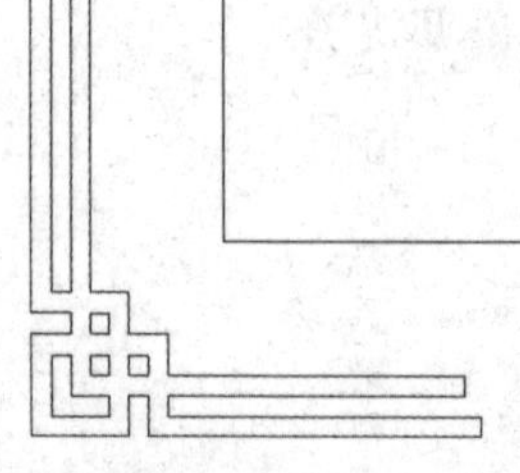

爷爷说：他是太阳，
能照亮世界每个角落；
老师说：他是一粒种子，
能结出亿万枚硕果。
我说：要问他是谁——
昨天他是雷锋，
今天该是你，
是我！

这是众多怀念雷锋的诗歌中比较质朴的一首，雷锋精神深深影响了我们每一个人，直至今天依旧大放光彩。

那雷锋精神有着怎样的内涵呢？

回到1940年的冬天，当时中国的抗战正如火如荼。就在百团大战胜利后的第三天，湖南省望城县安庆乡的一个贫苦农民家庭中诞下了一个孩子，他就是雷锋。

雷锋原名雷正兴，他的爷爷雷新庭是个农民，饱经地主的压迫和欺凌，在一个春节的前夕，被地主活活逼死。此后的几年，各种打击接踵而至，父亲雷明亮被国民党逃兵毒打，又在反抗日寇时被打，没钱医治而死；哥哥在一家工厂当童工，结果不幸染上肺结核去世。弟弟死后，不到 7 岁的雷锋只能和妈妈沿街乞讨，相依为命。唐家地主污辱了雷锋的母亲，不久就把他俩赶出了唐家。八月的一个夜晚，母亲支开雷锋后便悄悄地悬梁自尽了。懂事的雷锋亲眼目睹了父亲和哥哥的死，对万恶的旧社会充满了无比的痛恨，当他唯一相依为命的母亲被地主欺凌而死后，他幼小的心灵受到了极大的震撼。他永远忘不了母亲最后对他说的两句话："苦命的孩子，妈妈不能和你在一起了，靠天保佑，你要自长成人。"后来，雷锋虽然得到了六叔奶奶的收养，但拮据的生活使雷锋只能以乞讨为生。记得有一次，雷锋出去乞讨，结果背后生了疮，差点死在破庙，幸好六叔公在破庙里找到了他，把他救了回来。这些痛苦艰辛的经历，让雷锋深刻地看到了旧社会的黑暗。即使多年以后，雷锋一想起过去，依旧充满满腔的愤恨。正如雷锋 1961 年 4 月

17日在日记中所写的："解放前，我家里很穷，父、母、哥、弟都死在民族敌人和阶级敌人手里，这个血海深仇，使我永远铭记在心。解放后，伟大的中国共产党拯救了我，党像慈父般哺育和教育着我。从记事那天起，党和毛主席就成了我心里的太阳，而对阶级敌人更加憎恨。由于不断受到党的教育，我懂得了阶级斗争。像我这样的穷苦人，不斗争就没有出路……"可见，苦难的生活在折磨雷锋的同时，也在他的心里深深地扎了根。这种爱憎分明的阶级立场，都为后来的雷锋精神丰富了内涵。

1949年，全国人民得到了解放，望城县安庆乡的人民处于一片欢乐之中。批斗地主在望城县轰轰烈烈地展开，小小的雷锋也积极参与了批斗。当小雷锋看到路过的解放军时，也萌生了当兵的愿望。他把自己的小小愿望告诉兵团的连长，连长并没有答应，却送给他一支笔，鼓励他好好学习。1950年，土地改革的触角也伸到了雷锋的家乡，雷锋也因此分到了3.6亩耕地，还有一些基本的日用品。之后，村委决定，允许雷锋免费在刘家祠堂上学。雷锋终于可以到期待已久的学校上学了，这让小小的雷锋又一次感到党和人民的温暖。记得雷锋第一天上学，老师问他最想学什么字，雷锋想了想，最后坚定地说："毛主席万岁。"这发自内心的呼喊，给小小的雷锋无限的动力，后来积极活跃的雷锋还当上了少儿兵团团长。在集体的关照下，雷锋深深地感受到了大家的温暖和关爱，而这一切都是伟大的中国共产党给的啊！后来，每每听到有人说雷锋是个孤儿时，雷锋都会无比幸福地说："往后你们不要再说我是孤儿了。党就是我的亲爹亲娘啊！"雷锋就这样把自己的生命与中国共产党联系在了一起。他把自己的前途命运都交给了党。在小学毕业的时候，多数的学生包括雷锋都想要考初中，但想到国家希望高小毕业生参加乡村农业生产，雷锋就积极响应党的号召，积极建设社会主义新农村，并亲自在村里展开了扫盲活动，普及基础知识，提高人民的文化水平。这时的雷锋已经把自己的生命与祖国的前途命运联系在了一起。

1956 年 9 月，雷锋参加了工作，在乡政府做了一个通讯员。11 月，雷锋被推荐到望城县委公安局。在这段时间，县委书记张兴玉给雷锋很大的帮助，他经常教育雷锋，并给他买书，还给他讲了许多革命故事。雷锋听从了领导的教育，更加努力学习，1957 年 2 月，雷锋加入了新民主主义共青团，还被评为望城县委机关工作模范。9 月，雷锋与张书记一起参加了新农村建设，最重要的是参加了治沩工程，他也因此担任了望城县治沩工程指挥部的通讯员。后来，因治沩工程表现突出，雷锋被授予治沩模范。其间，虽然受过重伤，但雷锋依旧以最大的热情投身社会主义的建设。此外，在艰苦的环境下，尤其是后来进入鞍钢，雷锋都没有放弃过学习，每天都以坚韧的精神，坚持看书，坚持记日记。这不仅提高了他的政治觉悟，而且他也因此写下了许多脍炙人口的名篇，如《我学会开拖拉机了》、《我决心应召》、《茵茵》、《一个孤儿》等。这些作品，不仅表现了雷锋积极向上的精神，同时也鼓舞了无数为社会主义事业奋斗的人们。他的每一篇日记，都渗透着对祖国深深的爱。为了能够更好地为社会做贡献，他还每天学习《毛泽东选集》，并以毛主席的科学思想来指导自己的实践。

1958 年 1 月，团县委发出要建立青少年拖拉机站的号召。为了响应党的号召，雷锋拿出自己积攒的 20 元钱捐给了拖拉机站，他是当时青少年中捐钱最多的一个。后来，团县委决定让雷锋学开拖拉机。在李师傅的指导下，经过五个月的刻苦学习，雷锋终于学会了开拖拉机，成为全县第一个拖拉机手。雷锋还激情满怀地写了篇《我学会开拖拉机了》，1958 年 3 月 16 日在《望城报》上发表了。后来当他回去时，张书记还给雷锋奖了一朵红花。这些都让雷锋充满了喜悦，尤其是开着拖拉机在田里耕地的时候，每每“看到那肥沃的土地，很快地被犁翻了，仿佛看见了一大片绿油油的可爱的庄稼”。也正是在这一年，雷锋写下了他的第一首诗歌《南来的燕子啊》。诗歌中南来的燕子见证了团山湖的变化，昔日的处女地在勤劳的人民手中变为壮丽的山河，祖国也呈现出一片祥和勃然的生机。这些巨大的变化，不仅是祖国的变化，更是人民对美好生活的向往。这一年的 10 月，雷锋由雷正兴正式改名为雷锋。11 月，雷锋再次响应毛主席大炼钢铁的号召，来到鞍钢参加工业建设。初来鞍钢的雷锋本可以给领导当公务员，但雷锋坚决要求从事艰苦的工作。之后，雷锋到了鞍钢扩大焦化厂，这里的条件特别艰苦，但每次想到毛主席的教导，雷锋都会主动挑起最重的担子。记得有一次，雷锋正在学习的时候忽然发现下雨了，想起有 7200 袋水泥还没盖，他匆忙叫了 20 多个同志，用他们的棉衣、被子才保住了国家的资源免受损害。在鞍钢的一年零两个月里，雷锋三次被评为先进工作者，五次被评为红旗手，十八次被评为标兵，并荣获了“青年社会主义建设积极分子”称号。就这样，雷锋用自己的行动阐释了艰苦奋斗的精神，并将国家的利益置于个人的利益之上，真正体现出了共产主义的精神。

1959年，这一年对于雷锋来说是非常重要的一年，12月8日，李书记在青年会上做了应征入伍的报告，雷锋竟激动得睡不着，半夜没穿棉衣就跑出去问李书记自己到底能不能去，之后连夜写了“决心应征”，半夜就等着报名、体检。雷锋的应征入伍并不顺利，因他个头儿低、体重轻，不符合标准。在雷锋的极力解释之后，上级考虑到雷锋素质过硬，思想觉悟较高，入党决心坚定，就破格让他入伍。这种迎难而上的精神，也构成了雷锋精神的重要品质。

1960年1月8日，雷锋正式入伍，并成为新兵代表在大会上发表讲话。三个月的新兵训练之后，雷锋成为运输连的一名驾驶员。入伍之后的雷锋也和常人一样会犯一点小错误，如雷锋有次出去照相，既没有请假也没有告诉别人，回来后指导员教训他，军人要严格遵守纪律。从这件事可以看出，雷锋并不是完美无缺的人，他的缺点让人更真切地感受到，雷锋是一个活生生的现实的人。这件事对雷锋影响很大，以后他再也没有犯过任何纪律上的错误。

1961 年后，雷锋出差的机会多了，为人民服务的机会也多了。当时流传着一句话：“雷锋出差一千里，好事做了一火车。”一次雷锋外出，在沈阳站换车的时候，一出检票口，发现一群人围着一个背小孩的中年妇女，原来这位妇女从山东去吉林看丈夫，车票和钱都丢了。雷锋用自己的津贴费买了一张去吉林的火车票塞到大嫂手里，大嫂含着眼泪说：“大兄弟，你叫什么名字，是哪个单位的？“雷锋说：“我叫解放军，就住在中国。”五月的一天，雷锋冒雨要去沈阳，为了赶早车，他早晨 5 点多就起来，带了几个馒头就披上雨衣上路了，路上，看见一位妇女背着一个小孩，手上还领着一个小女孩，正艰难地向车站走去。雷锋脱下身上的雨衣披在大嫂身上，又抱起小女孩陪他们一起来到车站，上车后，雷锋见小女孩冷得发颤，又把自己的贴身线衣脱下来给她穿上，雷锋估计她早上也没吃饭，就把自己带的馒头给她们吃。火车到了沈阳，天还在下雨，雷锋又一路把她们送到家里。雷锋就是这样全心全意地为人民做好事，难怪人们一见到为人民做好事的人就想起雷锋。

1962 年 8 月 15 日上午 8 点多时，雷锋和他的助手乔安山驾车从工地回到驻地。他把车开进连队车场后，发现车身上溅了许多泥水，便不顾长途行车的疲劳，立即让乔安山发动车到空地去洗车。经过营房前一段比较窄的过道时，为安全起见，他站在过道边上，扬着手臂指挥小乔倒车转弯，汽车的左后轮滑进了路边水沟，车身猛一摇晃，骤然碰倒了一根平常晒衣服用的方木杆子，雷锋不幸被倒下来的方木杆子砸中了头，当场扑倒在地，昏了过去。雷锋走了。这位劳动人民的好儿子、中国共产党的优秀党员，就这样和我们永别了！

8 月 17 日，抚顺市望花区政府礼堂召开隆重的追悼会，近十万人护送雷锋的灵柩向烈士陵园走去。雷锋虽然走了，但是，随着时代的推移，雷锋精神却在中华大地得以传扬。

（二）雷锋精神的内涵

任何一个时代的文化都是由其相应的经济基础决定的。雷锋精神的产生也不例外。它的产生，既是中华民族传统美德的发扬，也是时代历史的要求，更是雷锋个人精神的积极表现。传统美德倡导勤俭节约、坚忍不拔、刻苦钻研，这些优秀的传统美德给雷锋精神注入了历史厚重感。历史在社会精神的形成和塑造中也起着非常重要的作用，不管是大唐盛世的辉煌时代还是民族危难的抗战时期，都在很大程度上影响了人们的精神风貌，对时代精神的塑造起着极其重要的作用。

而雷锋精神，正是是以雷锋名字命名的、以雷锋的精神为基本内涵的、在实践中不断丰富和发展着的革命精神，其实质和核心是全心全意为人民服务。结合雷锋短暂的一生，我们发现，雷锋的任何一种精神都可以成为我们每一个人认真学习的对象。具体表现在以下方面：

1. 助人为乐

“助人为乐”，即助人为快乐之本。在中国历史上，这样的例子数不胜数，大至国家，小至个人。马致远《陈情高卧》中的“路见不平，拔刀相助”，即使在今天，依旧是助人者说得最多的一句。昔日的江湖壮语成为今日的大气豪情，这种助人为乐的精神豪情，不仅成为雷锋时代最光彩亮丽的词，也成为今天我们社会主义精神文明建设的重要旗帜。白居易曾在《策林》中说“病人之病，忧人之忧”，陈寿曾在《三国志·蜀志》中说“每有患急，先人后己”，华罗庚曾说“人家帮我，永志不忘；我帮人家，莫记心上”，这些都彰显了助人为乐之善、助人为乐之真，对我国当今社会对真善美的弘扬，有着重要的意义。

雷锋用自己的实际行动，深刻阐释了助人为乐的精神。有一次在火车站的附近，雷锋发现一个老奶奶被大伙围着，打听之后才知道，原来老奶奶的票给丢了，雷锋立马给她买了一张，还把自己仅有的一点吃的给了老人家。一路上，雷锋热情地和老人聊天，得知老人是到抚顺找儿子，但不知道具体在哪里。雷锋看过地址后，也不知道具体地点，但还是带着老人一起打听，几个小时之后，老人终于被送到了她儿子的工厂。老人拉着自己的儿子，热泪盈眶地说："多亏了这位同志啊！"同时，雷锋还积极带动周围的人加入助人为乐的队伍中。记得有次过年，战友们都在一起搞文娱活动，雷锋和大家在俱乐部打了一会儿乒乓球后，叫了同班的几个同志，一起请假到瓢儿屯车站，帮忙打扫卫生，给旅客倒水。他们热情地为人民做好事，不仅调动起了周围的同志，也让更多的人感受到了助人为乐的温暖。

雷锋就是这样在一件件的小事中发挥了他助人为乐的精神，这一精神，在我们今天看来，很多时候也只不过是举手之劳。比如公交车上让座，扶老人过街。雷锋却在这些小事中感受到了助人的快乐，丰富了助人为乐的精神内涵。

2．爱国精神

爱国精神也是中华民族的传统美德之一。它的产生，与根植于中华大地的民族依恋有关。这种情感，在经过历史的无数凝聚后终于在无数的中华儿女心中得到普遍的认同。同时它也作为一种重要的道德力量，在社会中发挥着重要的作用。

中国历史上也曾涌现出许多的爱国人士，如不畏强暴的晏婴，英勇抗击匈奴的卫青、霍去病，“留取丹心照汗青”的文天祥，收复台湾的郑成功，禁烟英雄林则徐，等等。这些人虽处于不同的年代，但都是为中国人民而抛头颅洒热血，竭尽一生。他们都共同阐释了伟大的爱国精神，就是把国家的利益置于个人利益之上。

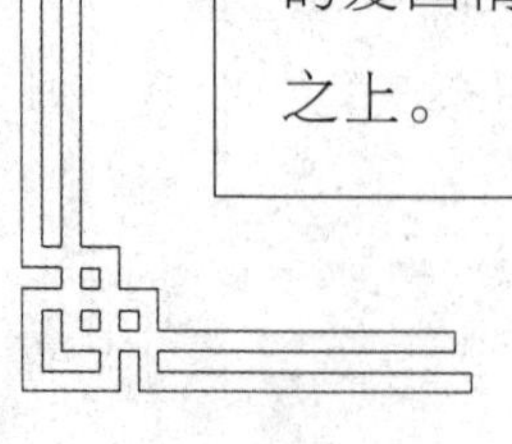

仔细看过《雷锋日记》，我们便不难发现，日记中有许多激情满怀的句子：“我是一个共产党员，人民的勤务兵，为了全人类的自由、解放、幸福，哪怕高山、大海、巨川，为了党和人民的事业，就是入火海进刀山，我心甘情愿，头断骨粉，身红心赤，永不变心。”“我们是国家的主人，应该处处为国家着想。”“我觉得一个革命者就应该把革命利益放在第一位，为党的事业贡献出自己的一切，这才是最幸福的。”“人的生命是有限的，可是，为人民服务是无限的，我要把有限的生命，投入到无限的为人民服务之中去。”回顾他的一生，不难发现，他的爱国不是仅仅只写在笔记上，而是实实在在地融入了他的一言一行中。1960 年 8 月，驻地抚顺发洪水，运输连接到了抗洪抢险命令，当时的雷锋手被烧伤，依旧连夜参加了抗洪活动。后来，在领导的反对下，雷锋当了抗洪运动的宣传员。抗洪一直持续了七天七夜，雷锋一直坚持到抗洪结束。上级领导看到雷锋为了国家的财产连自己的生命都不顾，备受感动，就特别给雷锋记了一次二等功。还有一次，国家正积极进行人民公社运动，雷锋看到大生产号召后，毅然拿出自己积攒的 200 元钱，为祖国的建设贡献自己的一点力量。后来，公社只收了 100 元。当看到辽阳遭受百年不遇的洪水时，雷锋又一次把剩下的 100 元捐给了辽阳人民。雷锋这种忘我的爱国精神，也激励了无数的爱国者更加积极地投身社会主义建设。

3. 热情似火

雷锋精神中最突出的就是热情似火的精神。雷锋的这种精神与他的爱国精神、敬业精神、钉子精神等有着不可分割的内在联系。而他这爱如烈火的激情也与他的生活经历息息相关。

雷锋很小的时候，就经历了丧父丧母的巨大悲痛，就连他亲爱的哥哥和尚在襁褓中的弟弟也死于肺结核和饥饿，不到七岁的雷锋只能投靠六叔奶奶。有一次，雷锋到山上砍柴，被地主婆看到，她一把抢过镰刀，就向他的背上打去。血瞬间就流了下来。雷锋一把夺过镰刀，飞也似的跑了。后来，他的背上留下了深深的疤痕。参军体检的时候，因他背上有疤，不能通过体检，雷锋就把他所经历的事讲了出来。他说，那是旧社会给他留下的伤疤，就是让他不要忘记，是党拯救了他，拯救了中国。因此，雷锋对旧社会的恨衍生出了对党和祖国的爱。当中国共产党带领人民积极建设社会主义的时候，雷锋高度的热情也就喷薄而发。

不同于我们常说的“三分钟热度”，也不似许多人的好高骛远，雷锋的热情似火，最大的特点就是能够融入一件件小事中，并能持之以恒。有一次，连值班员说集合到和平俱乐部看电影，正在吃饭的雷锋想到国家正在积极进行农村建设，自己应该多帮忙，支援人民公社。想到路边有许多大粪，捡起来既能保持卫生，又能支援国家建设。他说干就干，很快推了手推车，拿着铁锹和粪筐就干了起来。后来，他还利用春节五天的时间，捡了 300 斤粪肥，送给了人民公社。雷锋的热情如火也表现在入伍上。张书记发出入伍号召之后，当晚雷锋就找到张书记，问自己可不可以参军。在张书记说他可以后，雷锋才发现自己连棉衣都没穿。回到宿舍的雷锋依旧激动不已，很快，他就写了入伍申请书和决心书。当他得知自己的身高体重没通过体检时，他到处奔走，最后，凭借自己过硬的素质以及较高的政治觉悟终于入伍。这一切表明，雷锋面对困难时总能以高度的热情迎难而上。

雷锋这种热情似火的干劲与执着，对我们今天仍有着重要的指导意义。

4. 默默无闻

“默默无闻”出自明朝李桢的《剪灯余话》，如今多用来形容老师或一些工作者工作的态度。雷锋不仅有着热情似火的冲劲，更有脚踏实地的干劲，而这种干劲正好体现了默默无闻的姿态。

雷锋总能够在自己平凡的岗位上发光发

热，在激情似火的冲劲中实现自己的价值。很多人不是没有冲劲，也不是没有理想，更不是没有能力，而是不愿，不想，不能坚持。雷锋能够随时约束自己，急别人之所急，干别人不愿干的活。在鞍钢扩大焦化厂，刚来的许多人都无法适应艰苦的环境，雷锋却以热情似火的冲劲，脚踏实地地干别人不愿干的活。冬天和泥很容易结冰，和起来特别吃力，雷锋就脱了鞋，双脚踩在冰冷的地上，一点一点和，终于用自己的努力，使工程的建设不至于推迟。而当别人都沉浸在激动人心的电影中时，只有雷锋一个人在屋前屋后不停捡粪，想着为社会主义的建设贡献自己的一点力量。300斤并不多，但却反映了雷锋默默无闻，一心只想为社会主义做贡献的精神。这种精神，不仅在社会主义建设时期需要，在新时期更需要。

5. 勤俭节约

勤俭节约是我们大力弘扬的传统美德，同时也是习近平主席在十八届中央纪委二次全会上的重要讲话内容之一。

在中国历史上，勤俭节约的思想源远流长。荀况曾说过：“强本而节用，则天不能贫。”司马光也曾说：“侈则多欲。君子多欲则念慕富贵，枉道速祸。”三国时期的诸葛亮也曾说：“静以修身，俭以养德。”李商隐也用“历览前贤国与家，成由勤俭破由奢”来警醒世人。魏征的“不念居安思危，戒奢以俭；斯以伐根而求木茂，塞源而欲流长也”一语道破天机。可见，勤俭节约不仅仅是个人的行为准则，同时也是国家繁荣昌盛必备的道德规范。

雷锋能够在国家极其困难的时期支援党的建设、国家的发展，多次将自己节省下来的钱捐献给国家。有一次，在参加军区体育比赛之后，许多同事出去买汽水，雷锋很渴，但想到花 3 角 5 分钱可以买一个笔记本，最后还是强忍着没喝。还有一次，他从旅顺到营口出差，本来可以在路上吃一顿饭，但想到一顿饭要七八角，最后也没有吃。每次发下来的钱，除了理发、吃饭和买书，剩下的钱雷锋都存了起来。有次大扫除，雷锋在垃圾堆里捡到一双破袜子，就拿回去洗好补好再穿。雷锋就这样将自己的积蓄存了起来，后来，他毅然拿出存了许久的 200 元送给人民公社，最后公社只收了 100 元。之后，雷锋又将剩下的 100 元捐给了辽阳洪水灾区，希望用自己的一点力量来帮助受苦受难的人民。之后，在 1961 年的 9 月，雷锋又拿出节省下来的 100 元津贴费寄给干沟民办小学。

雷锋多年勤俭节约节省下来的一点费用，都捐给了国家需要的地方。三年严重自然灾害时，正因为有雷锋这样一个个勤俭节约的人，中国才可以在那样艰苦的环境中坚持下来。而这种精神，也为中国未来的发展、国家的繁荣富强奠定了良好的精神基础。

6. 爱岗敬业、无私奉献、干一行爱一行

爱岗，就是爱自己的本职工作，敬业，就是要以一种恭敬严肃的态度对待自己的工作。爱岗敬业，不仅仅是个人生存的需要，更是社

会存在和发展的需要。社会主义建设时期，我国涌现出许多模范人物，如焦裕禄、孔繁森、郑培民等。他们在自己的本职岗位上呕心沥血，辛勤劳作，为社会主义事业的建设起到巨大的表率作用。

雷锋刚到鞍钢工作的时候，领导看到雷锋瘦弱的样子，就想将他调到办公室工作。雷锋却坚持和大家一样，干最艰苦最粗重的活。之后，在鞍钢扩大化工厂的应征号召中，雷锋第一个报名。然而新的工作环境更加恶劣，冰天冻土，很难进行建设。雷锋就赤足踩泥，保证了建设的正常进行。正是雷锋的这种敬业和奉献精神，才使他在平凡的岗位上绽放出夺目的光彩。而雷锋最动人的地方，就在于不管做什么，他都能踏踏实实地完成，干一行爱一行。我们每一个人都要学习雷锋爱岗敬业、无私奉献、干一行爱一行的精神，只有这样，才能为社会主义现代化建设贡献自己的一份力量。

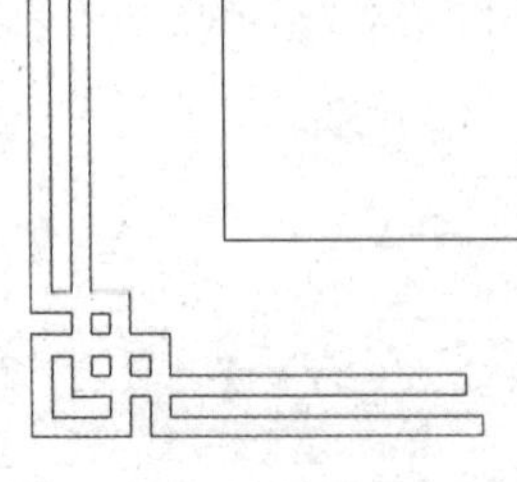

7. 热爱劳动

劳动，是人区别于动物的最本质的特征。因此，劳动是一个人必不可少的社会活动。劳动，也是存在的最本质的体现。因此，任何人都离不开劳动。一个人在社会中的价值，主要看他对社会的贡献，而这主要取决于自己在本职岗位上是否辛勤工作。

李大钊曾说：“我觉得人生求乐的方法，最好莫过于劳动。一切乐境，都可由劳动得来，一切苦境，都可以由劳动解脱。”陶铸曾说：“所有现存的好东西都是创造出来的。”卢梭也曾说：“劳动是社会中每个人不可避免的义务。”就连伟大的导师马克思也曾说过：“体力劳动是防止一切社会病毒的伟大的消毒剂。”高尔基也曾说：“我知道什么是劳动：劳动是世上一切欢乐和一切美好事物的源泉。”这些名人名言，都向我们说明了劳动的重要及美好。

因此，不管是劳动本身对社会主义建设的

重要贡献，还是个人美好的追求，劳动都是我们不可或缺的一项社会活动。因此，将二者结合起来，才能充分发挥劳动最大的价值。雷锋就是将自己的价值追求与劳动结合起来，既充分实现了劳动创造的价值，同时也实现了个人的成长。

8. 忠于革命忠于党

忠于革命忠于党，最核心的本质是对党和国家的坚定信念。1840 年以来，中国各个阶层的志士仁人，为了国家和民族独立，不停地奔走呼号，甚至抛头颅洒热血，但中国依旧处于黑暗的半殖民地半封建社会。中国共产党成立以来，革命队伍不断壮大，思想政治觉悟不断提高，尤其在马克思列宁主义思想的指导之下，中国共产党逐渐成为一支不可忽视的力量。中国共产党不仅把人民从深重的灾难中救了出来，还在全国各地开展土地革命，使人民真正摆脱了压迫，实现了当家做主。因此，只有中国共产党才能救中国，也只有中国共产党才能领导人民进行社会主义建设。

雷锋是从旧社会成长起来的孩子。旧社会的黑暗与新中国的温暖，使他更坚定了跟着中国共产党走的信念。他在日记中写道："解放前，我家里很穷，父、母、哥、弟都死在民族敌人和阶级敌人手里，这个血海深仇，使我永远铭记在心。解放后，伟大的中国共产党拯救了我，党像慈父般地哺育和教育着我。从记事那天起，党和毛主席就成了我心里的太阳，对阶级敌人更加憎恨。由于不断受到党的教育，我懂得了阶级斗争。像我这样的穷苦人，不斗争就没有出路……"忠于革命忠于党，这是雷锋用一生坚守的立场。

9. 钉子精神、海绵精神

当雷锋听到有的同志说工作忙，实在没有时间学习时，他便根据自己的学习体会，在日记中写下了这样一段话："有些人说工作忙，没有时间学习。我认为问题不在于工作忙，而在于你愿不愿意学习，会不会挤时间。学习的时间是有的，问题是我们善不善于挤，愿不愿意钻。一块好好的木板，上面一个眼也没有，但钉子为什么能钉进去呢？这就是靠压力硬挤进去的，硬钻进去的。由此看来，钉子有两个好处：一个是挤劲，一个是钻劲，我们在学习上，也要提倡这种‘钉子’精神，善于挤和善于钻。”这就是雷锋刻苦学习的“钉子”精神。也如雷锋劝说其他同志：时间就像一块海绵，只有我们愿意挤，总会有的。在鞍钢工作时，他制定了早晨学一小时，晚上学到 10 点至 11 点的自学计划。到部队后工作更忙，没有更多的学习时间，于是，他把学习的书本放在挎包里，人到哪里书到哪里，有空就看上一点儿，出车回来，他总要挤出时间来学习。熄灯号响后，为了不影响其他同志休息，他就到工棚、车场、厨房、司务长的宿舍去读书，并且一读就是大半夜。雷锋有时还把灯拉到自己的枕头边，用报纸遮盖起来看书。正由于雷锋有这种挤劲，他读的书越来越多，知识越来越丰富。

在学习上，雷锋的确有一股“钻”劲。不

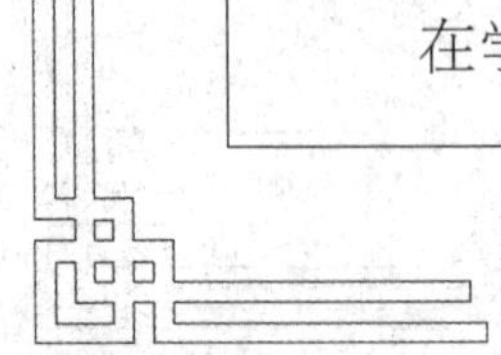

管遇到什么困难，他都会千方百计把它搞懂。如，他在学习毛主席著作中，总结了五步学习法：一是分析每篇文章对当时革命运动起什么作用；二是主席为什么分析这个问题；三是主席在文章中提出什么观点；四是主席的方法论是什么；五是联系个人写心得体会。翻开雷锋读过的《毛泽东选集》，几乎每一篇每一页都画了一些学习重点，边边角角上写着一些阅读心得或眉批。在阅读《纪念白求恩》一文时，他在书上的批注达 7 处之多。据统计，他在短暂的一生中，共写了 9 本近 20 万字的学习心得笔记，这些是他刻苦钻研革命理论的真实记录。

10. 知恩图报

“知恩图报”一词出自《说苑·复恩》。知恩图报也是我国传统美德的重要内容之一。古有谚语曰：“鸦有反哺之义，羊知跪乳之恩。”“谁言寸草心，报得三春晖。”英国也有句相关的谚语：“感谢是美德中最微小的，忘恩负义是恶习中最不好的。”可见知恩图报是人类社会普遍宣扬的道德观之一。

1949 年 10 月 1 日，我国终于摆脱了百年来的民族屈辱，成立了中华人民共和国。对于身处苦难的人来说，共产党就是我们国家的恩人。正是中国共产党，广大人民才当家做了主人。身处这个背景下的雷锋，更是有着深刻的体会，他将旧社会遭受的苦难化为对祖国的热爱，全心全意为社会主义的建设贡献自己的力量。正是雷锋的知恩图报，才有了雷锋精神的丰富内涵。雷锋将自己所受的关爱全身心回报给党，回报给祖国。他所有的劳动，归根结底都是为了最广大人民的利益。“人的生命是有限的，可是，为人民服务是无限的，我要把有限的生命，投入到无限的为人民服务之中去。”这句话精练地概括了雷锋的一生，也深刻阐释了雷锋精神的本质内涵。

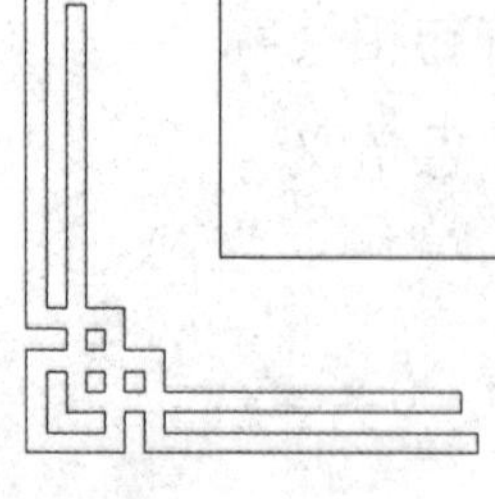

（三）雷锋精神的时代解读

雷锋精神，是在我国社会主义的建立和建设过程中形成的。它的产生，对我国社会主义的巩固、建设和发展，具有十分重要的意义。也正是在这段时期，我国出现了许多雷锋式的英雄人物，如王进喜、焦裕禄、李四光、邓稼先等。随着社会的发展，中国的经济体制发生了很大的变化，传统的计划经济已经由社会主义市场经济取代。改革开放扩大了中国与世界的联系，同时，多元文化的入侵，对人们的生活方式产生了重大影响。中国的经济虽呈现出欣欣向荣的局面，但是人们的价值观却受到了很大冲击。因此，在新时代背景之下，雷锋精神也随着时代有了新的发展。

1. 雷锋精神新的时代内涵

雷锋精神是20世纪五六十年代的精神产物，是以雷锋的名字命名的、以雷锋的精神为基本内涵的、在实践中不断丰富和发展着的革命精神，其实质和核心是全心全意为人民服务，为人民的事业无私奉献。它已经成为我们这个时代精神文明的同义语。雷锋所倡导的助人为乐，已成为一种助人精神。勤俭节约也不再是五六十年代一定要穿补丁衣、补丁袜，而是在能保证基本生活的前提上，不乱花钱，不大吃大喝，不乱买消费品、奢侈品等。至于干一行爱一行、专一行精一行的精神，用现代专业术语来说就叫职业素质。不管是中国建设社会主义时期还是现在建设中国特色的社会主义时期，我们都需要爱岗敬业、遵纪守法、艰苦奋斗、勇于创新的精神。尤其是社会主义市场经济时代，人们更需要认认真真、踏踏实实地做好自己的本职工作。社会主义市场经济处于一个资源整合、集约利用的时代，各个行业间的联系非常密切，为了获得经济的最大发展，就需要各行各业相互配合，集体合作。这就对各个行业提出了新的要求。人与人之间的合作越来越密切，对员工的团队合作意识要求也不断加强。这种集体的合作化意识，既是对雷锋精神的继承，也是雷锋精神在新时代的发展。此外，雷锋的钉子精神，不仅适用于我们的学习，同时也适用于我们的具体工作。这不仅丰富了职业素质的具体内容，同时也是创新精神与创业精神的具体表现。

新时代弘扬雷锋精神，须从以下五点入手：

(1) 要学习弘扬雷锋热爱党、热爱祖国、热爱社会主义的崇高理想和坚定信念

雷锋精神的首要内涵，是对党、对国家、对社会主义的热爱。“人的生命是有限的，但全心全意为人民服务的精神是无限的；我要把有限的生命，投入到无限的为人民服务中去。”他的这句名言表现出的崇高理想和信念，激励着我们每个人自觉地把个人的追求与党的事

业、国家的命运、民族的前途联系起来，为祖国的繁荣发展贡献自己的智慧和力量。

目前，我国仍旧处于社会主义的初级阶段，要把我国建设成为富强、民主、文明、和谐的社会主义现代化国家，就必须尽快摆脱中国落后的现状，加快社会主义现代化建设。因此，坚持四项基本原则，即坚持社会主义道路、坚持人民民主专政、坚持中国共产党的领导、坚持马克思列宁主义毛泽东思想，就显得非常必要。而四项基本原则，从本质上来看，也集中地反映了雷锋精神中热爱党、热爱祖国、热爱社会主义的崇高理想和信念。

（2）要学习弘扬雷锋服务人民、助人为乐的奉献精神

雷锋精神的宝贵之处，就在于全心全意为人民服务。雷锋将为人民服务作为自己的人生价值追求，为了人民的事业无私奉献、把帮助别人当作人生最大的快乐和幸福。这种服务人民、助人为乐的精神，正是社会主义现代化所要求的。无论是在革命战争年代还是在和平建

设时期，这种精神已经影响、熏陶、感染了一代代革命者和建设者，为我国社会主义现代化建设发挥了极其重要的作用。

2007 年 6 月 25 日，胡锦涛总书记提出了要大力建设社会主义核心价值体系，以此来巩固全党和全国人民共同的思想基础。服务人民、助人为乐作为社会主义核心价值观的重要内容，更需要得到大力发扬。只有这样，人们才能对人生的目的有更深刻的理解，才能切实把人民利益放在首位，时时处处为人民着想、以人民利益为重；也才能以正确的态度对待人生、对待生活，始终对祖国和人民具有高度责任感，不为私心所扰，不为名利所累，不为物欲所惑。

(3) 要学习弘扬雷锋干一行爱一行、专一行精一行的敬业精神

雷锋生前做过多种工作，不管是县委通讯员还是拖拉机手，不管是鞍钢的工人还是解放军战士，雷锋都立足本职，忠于职守，勤勉敬业，精益求精，像一颗永不生锈的螺丝钉，在

平凡的岗位上做出不平凡的成绩。现代社会是市场经济高度发展的社会，是一个以人为本、充分尊重个人知识和个性多元发展的社会。而工作对于我们每一个人来说，不仅是谋生的手段和生活的组成部分，更是发挥自身才能、实现人生价值的平台。将自己的兴趣和工作充分结合起来，不仅为自己提供源源不断的动力，也有利于提高自己的工作效率和积极性，更有助于实现自己的目标和理想。因此，我们应弘扬雷锋干一行爱一行、专一行精一行的敬业精神，把个人理想同国家的前途、民族的命运有机结合起来，把个人的选择和社会的召唤、人民的需要有机结合起来，在具体工作岗位上尽职尽责，发挥积极作用，做到不负人民、不负时代。

（4）要学习雷锋锐意进取、自强不息的创新精神

《周易》有言：“天行健，君子以自强不息。”民国时期，梁启超在清华大学任教时将《周易》中的“自强不息”、“厚德载物”用来激励清华学生，如今这八个字已成为清华的校

训。作为中国的传统美德，锐意进取、自强不息所蕴含的刻苦钻研、锲而不舍、坚忍不拔、勇于创新的精神，正是雷锋精神的重要内容。不管是学习还是工作，雷锋总有一种无穷的动力，永不满足、永不懈怠，他还不断地通过学习丰富自己。他的这种刻苦学习、锲而不舍、锐意进取的精神，在当今社会尤其值得我们推崇。

锐意进取、自强不息的精神同时也蕴含着改革创新的时代精神，即不甘落后、奋勇争先、追求进步，这正体现了突破陈规、大胆探索、勇于创造的思想追求。尤其在提出建设创新型国家的政治背景下，大力推进理论创新、制度创新、科技创新、文化创新以及其他各方面的创新，对建设中国特色社会主义，实现科学技术跨越式发展，促进社会主义文化大发展大繁荣，提高国家文化软实力，都有着非常重要的意义。

(5) 要学习弘扬雷锋艰苦奋斗、勤俭节约的创业精神

艰苦奋斗、勤俭节约是中华民族的优良传

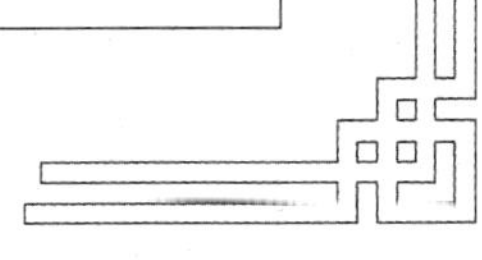

统，也是我们党的优良传统。在思想开放、理念更新、生活多样化的现代社会，坚持勤俭节约、艰苦奋斗，就是保持一种生活准则、一种精神状态、一种高尚的奋斗目标。如今，我国进入了全面建设小康社会的关键时期，深化改革开放、加快转变经济增长方式是经济发展的必由之路。因此，我们更应该倡导艰苦奋斗、勤俭节约的精神，增强忧患意识，始终居安思危，踏踏实实艰苦奋斗，老老实实勤俭创业。

对于党员干部，早在新中国成立前夕，毛主席就针对党执政后可能出现的问题郑重指出："中国的革命是伟大的，更是艰苦的。这一点必须向党内讲明白，务必使同志们继续保持谦虚、谨慎、不骄、不躁的作风，务必使同志们继续保持艰苦奋斗的作风。"因此，学习雷锋精神，就要像雷锋一样，在平凡的岗位上兢兢业业、努力工作，在日常生活中勤俭朴素、厉行节俭，坚决反对贪图享受、铺张浪费、讲排场、摆阔气的不良风气，尤其要反对慷国家之慨、挥霍奢侈的腐败作风，用实际的行动来发扬传统美德，实践社会主义道德。

2. 雷锋精神内涵的层次结构

1962 年 8 月 15 日，雷锋永远离开了我们，然而，以雷锋的精神为核心的全心全意为人民服务的雷锋精神却永远留在了我们心中。1963 年，毛主席亲笔题写的“向雷锋同志学习”的号召，在我国掀起了学习雷锋的热潮。随着社会的发展和时代的变革，雷锋已不再是当初的雷锋，而是逐渐成为人们心中的一种精神标识，一种坚定的精神信仰。

然而，20 世纪 90 年代以来，随着对雷锋了解的深入，人们看到了一些不符合雷锋形象的事，如雷锋有料子裤和进口英纳格手表，这与一贯坚持勤俭节约、艰苦朴素的雷锋精神格格不入。加上雷锋“恋爱关系”的曝光，雷锋“出国”以及南京路上的“洋雷锋”等，雷锋的形象成为备受争议的话题。然而，不管这些信息背后有着怎样的意义，当对雷锋精神进行系统分析后，我们不仅对雷锋有了新的认识，而且也引发了我们对一些现象的思考。

首先，雷锋从“神坛”上下来，回归到了人间。雷锋不再是可望不可即的完美无缺的神人，他也是有缺点、有七情六欲的普通人。雷锋有较高的物质享受条件却仍坚持艰苦朴素，更加说明了雷锋精神的可贵。作为新时代的人，我们更应该理性地看待雷锋和雷锋精神，发扬雷锋精神中最难能可贵的部分。而这些争议，也从另一个侧面反映出人们渴望雷锋精神从少数人的壮举回归到普通老百姓中。其次，对于雷锋“出国”以及南京路上的“洋雷锋”这些问题，它又说明了什么呢？美国西点军校悬挂雷锋的肖像，将雷锋作为该校学员学习的楷模，加之南京路上的“洋雷锋”，人们众多的争议似乎是在传达这样一句潜台词：“中国不要雷锋了。”这样的思维判断正确吗？

此外，不少单位每年甚至每个月都要发布“学习雷锋做好人好事”的统计报表，特别是每年三月，不少新闻媒体都会竞相报导青年志愿者在大街上学习雷锋的事迹。这又引起了我们的思考：雷锋做好事从来不留名，为什么有那么多的单位要求做了好事的人主动地登记呢？这样做符合雷锋精神的原意吗？

对此，我们有必要对雷锋精神作深入的了解，分析其内在的层次结构。

通过仔细分析，我们会发现，雷锋精神具有类似于金字塔似的层次结构。具体可以分为三层，从下至上依次为：人文基础层、社会规范层和理想升华层。

(1) 人文基础层

人文基础层本质上属于最基本的人的精神情感，或者也可以说这个层次其实是人类人文关怀的共同遗产，雷锋只是继承了它而已。所以，即便没有雷锋，人类的良知也会促使人们去助人为乐，从这个意义上讲，一般的“助人为乐”似乎算不上学雷锋，比如那位被媒体誉为“南京路上洋雷锋”的外国人，他的行为只是人的一种本能反应。假如我们想引导他说出豪言壮语而问他“是什么原因使你在中国学习雷锋做出如此的壮举的”，估计他会很不领情地回答："不论在什么国家、什么社会，所有正常的人都会这么做的。"

勤劳、勇敢、助人为乐等优秀品德，并非专属于中华民族。这种人类人文关怀的共同遗产被雷锋吸收、消化，成了雷锋精神的基础层，因此，说"助人为乐、上街做好人好事"也属于学雷锋的范畴并不为过。但是，如果学习雷锋只停留在这一层面，那就太浅薄了。因此，我们需要对助人为乐的雷锋精神有更深入的了解。

(2) 社会规范层

共同的"人文基础层"在不同性质的社会可能生长出不同的社会规范层。雷锋生长在社会主义的中国，因此，他的行为规范取决于社会主义的性质，服从于社会主义的价值观。

而美国西点军校可以号召学员学习雷锋"一切行动听指挥"、"做一颗永不生锈的螺丝钉"和刻苦学习的"钉子精神"，因为这些优秀的品德属于"人文基础层"，它们是不分国家和阶级的。但是，西点军校代表的美国主流社会是绝对不会让美国公民尤其是美国的军人学习雷锋“消灭剥削制度”“为实现共产主义而奋斗终生”的信仰理念的。因此，雷锋精神是与助人为乐等优秀品质有一定区别的。

在我们的社会里，雷锋、雷锋精神和学习雷锋的一切活动都要看到两面性：一面惩恶、一面扬善；一面反腐、一面倡廉；一面诚实劳动、一面合法索取；一面协调“社会主义初级阶段”必然残留的分配不公、一面提倡无私奉献。总之，我们必须深入地了解雷锋精神，才能更好地吸收雷锋精神的精髓。

(3) 理想升华层

雷锋是时事造就的具有历史意义和现实指导意义的时代英雄；反过来，顺应时代产生的英雄，又要推动人类历史大踏步地前进。雷锋把人文基础层、社会规范层对人的所有要求，都赋予了新的含义，升华到了一个理想的高度，直奔人类最终的逻辑归宿——共产主义。五十多年前，毛泽东等老一辈无产阶级革命家发出“向雷锋同志学习”的号召，就是历史的见证。

雷锋的成长以及雷锋精神的诞生、成熟、传播、发扬，是一个承前启后、继往开来、不断发展的过程。诚如团中央书记处第一书记周强在纪念学习雷锋40周年大会上的发言中所说的那样："奉献、友爱、互助、进步的志愿精神和雷锋精神一脉相承，都是加强社会主义精神文明建设、推动青年成长进步的宝贵财富，开展青年志愿者行动，是学习雷锋活动在新形势下的生动创造，符合时代发展的要求和人民群众的根本需要，具有持久的生命力。"雷锋和他所属的那个时代虽然已经离我们远去，但雷锋精神在今天仍然有着鲜活的生命力。我们今天所应做的，就是理解雷锋精神蕴含的人性中的崇高和伟大，并以此作为个人向上的力量。

3. 雷锋精神的时代价值

50多年前，毛主席亲自给雷锋题词："向雷锋同志学习。"50多年来，雷锋的名字家喻户晓，雷锋精神成为亿万人民的自觉实践。随着社会主义市场经济的发展，社会上也出现了许多新情况、新问题、新局面，人们生活的社会环境发生了极大的变化。但不管我们的物质生活丰富了多少，雷锋精神依旧主导着我们这个时代人们的精神。尤其是社会主义核心价值体系的提出，更需要我们积极地发扬雷锋精神，为构建社会主义和谐社会提供重要的精神动力。同时，社会在进步，世界在发展，时代也在不断丰富和发展着雷锋精神与历史同行的时代价值。

(1) 价值理想：真、善、美的统一

雷锋精神所追求的价值目标，规定了其价值内涵具有理想性的特质。这是雷锋精神之所以具有崇高性的基本依据。雷锋精神所蕴含的价值目标主要体现在两个层面：

首先，在个人自我价值实现的理想层面上，雷锋精神所蕴含的一般价值目标是自强不息的精神。“自强不息”是中华民族精神的重要特征，也是共产党人崇高的道德追求，它在不同的历史背景下彰显出不同的时代内涵。对于人生价值的自我实现来说，它蕴含着对真、善、美的不懈追求，蕴含着对理想人格的向往。雷锋之所以能从平凡生活中脱颖而出，成为时代的“风流人物”，就在于他具有这种价值理想，并深深地根植于时代的沃土之中。

其次，从社会对个人所规定的责任和使命的层面上看，雷锋精神所追求的价值目标是“集体主义”和“全心全意为人民服务”，这是雷锋精神最核心的价值理念。雷锋精神所体现的集体主义价值理想，是在集体中实现个人价值、在个人价值的实现中提升集体价值的双赢互动理想。也就是说，在社会主义建设中，个人的自我价值目标不是孤立地存在的，社会价值目标有赖于无数自我价值目标的有序整合。只有以自我价值目标促进社会价值目标，以社会价值目标带动自我价值目标，才是雷锋精神的真正价值理想。

（2）价值现实：先进性与广泛性相结合

价值现实是雷锋精神最本质的价值属性，

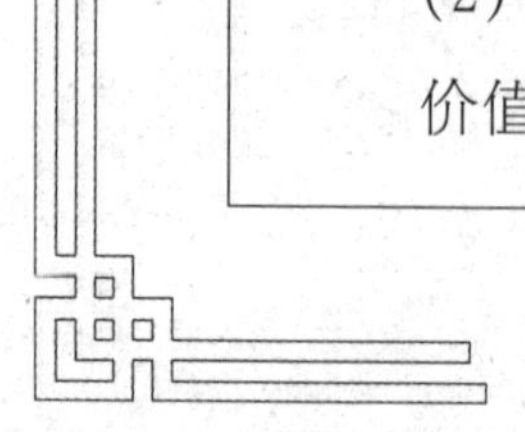

是其理想性的价值规定达到客观化、现实化的一种价值事实，是一种实然性价值存在。雷锋精神本身所具有的价值现实可以从“质”与“量”两个层面来透析。

雷锋精神价值现实的“质”，是指雷锋精神所具有的先进性的内在价值，在其现实性上所达到的最佳价值境界。就“质”的现实规定性而言，雷锋精神价值的现实最佳境界既不是望尘莫及，也不是触手可及，而是先进性与广泛性的完美结合，是价值主体的最大需求度、认同度和实践上的可接受度的高度统一，这是雷锋精神之所以具有永久价值魅力的内在依据。雷锋精神是崇高的，充分体现了共产主义的世界观、人生观、价值观，具有经久不衰的时代穿透力；但它又是现实的，是现实的需要，是现实的昭示，是现实社会生活中普遍可见的文明之光的投影和聚焦。正是雷锋精神的这一特质，即“先进性与广泛性相结合”的“质”的规定性，规定着它的价值现实的“量”的规定性，使之永葆青春。

雷锋精神价值现实的“量”，是指它所具有的价值功能在现实中所能达到的客观效度。作为一种高尚的伦理精神，雷锋精神具有内在的道德价值导向功能，已成为我国社会主义道德体系的重要内容。成为公民道德建设的重要价值目标，具有培养文明、健全人格、净化社会风气、调适人与人之间的关系以及实现团结友善、社会和谐稳定的作用。在社会主义市场经济条件下，要弘扬雷锋精神，达到义务与权利、为社会、他人与有益于自身的统一，就必须把握雷锋精神“质”和“量”的规定性，把先进性与广泛性紧密结合起来。

（3）价值实践：知与行的统一

雷锋精神本质上是实践的，只有在实践中它的价值才能够凸显出来，才能被实现、发展和升华。雷锋精神价值实践的基本特征是合规律性与合目的性的统一。主要表现在两个方面：

首先是知行统一。从哲学的角度来认识，言行一致的深刻内涵是知行统一。遵循知行统一原则，关键在于把握实践这个中心环节。实践是知之源泉和动力，是检验其知是否具有真理性和行为是否符合真理要求的唯一标准。遵循知行统一规律，最为困难的是把知识和行动统一起来。所谓“知易行难”，更多的遗憾就是发生在道德之知和道德之行相悖的问题上。我国古代先贤向来反对“心口不一”、“口是心非”，视之为“小人”。雷锋精神的可贵之处，就在于平凡之中见伟大，细微之处见精神。正如毛泽东指出的，一个人做一件好事并不难，难的是一辈子只做好事，不做坏事。因此，弘扬雷锋精神，做到知行统一，就必须努力提高运用科学理论指导人生实践、正确进行价值判断和价值选择的能力，真正地、永远地做到学与用、知与行、说与做的统一。

其次是德才统一。“德”是前提，是方向，它决定着“才”的价值实践程度。雷锋精神的核心价值取向，就是无私奉献、助人为乐。正如雷锋所说：“我活着，只有一个目的，就是做一个对人民有用的人，我要在一切实际行动中贯彻。”另一方面，“才”是条件，离开了“才”的“德”，是空洞的、毫无意义的。雷锋精神中干一行、爱一行、钻一行的“钉子精神”，为其全心全意为人民服务的价值实践提供了现实载体，注入了生机和活力。通过具有价值本体论意义上的实践，德与才完美地统一在雷锋精神的人格价值上。

（4）价值维度：历史与空间的延伸

从价值维度来解析雷锋精神，有助于我们从更宏阔的视野上把握雷锋精神的价值精髓。雷锋精神的产生和发展既是一个历史过程，又是一个由个别到普遍、由局部向全局辐射的过程。因此，从历史和空间两个维度上解读雷锋精神的价值，是历史逻辑和辩证思维的启示。

历史维度可划分为“三阶”。首先，雷锋精神是对中华民族优秀传统道德的继承和发展，是具有历史厚重感的精神价值资源重组，是中华民族特有的民族精神在社会主义建设时期的具体体现。其次，雷锋精神形成和发展于当代，当代人的精神价值的指向和需求程度，决定着雷锋精神价值实现的效能，这是雷锋精神价值产生和升华的深厚时代根基。并且，雷锋精神不是一成不变的，它也将随着时代的发展而不断丰富完善。当前，要把弘扬雷锋精神与深入学习贯彻“三个代表”紧密结合起来，在实践中丰富和发展雷锋精神，使雷锋精神具有强大的生命力和感召力，为社会主义现代化建设提供精神动力。最后，雷锋精神源于当代，但它的意义和影响却远远超越了它所处的时代，并被实践确立为社会主义道德的科学价值取向。它深刻揭示了社会主义精神文明建设和发展的规律，揭示了人的自由和全面发展的价值导向和路径，体现了历史发展的趋势与要求，永远是推动社会进步的巨大精神动力。未来的社会主义精神文明建设和人的发展，将把雷锋精神的价值内涵提升到一个新的高度，雷锋精神必将赢得未来。

从空间维度的视角来看，雷锋精神的价值功能又可指向军队、民族和世界。人民军队是捍卫祖国和人民利益的坚强柱石，其为人民服务的宗旨决定了它既是雷锋精神的可靠家园，又是雷锋精神价值得以实现、扩展和延续的重要载体；中华民族的文化底蕴，中国特色的社会主义精神文明建设，为雷锋精神价值的实现和提升提供了更为广阔的人文空间。实践证明，雷锋精神充分体现了我们共产党人道德修养的根本要求，体现了社会主义的时代精神，已成为中华民族不可缺少的精神资源。现在，雷锋和雷锋精神早已跨洲越洋，被世界上许多国家和地区的人们所接受、所敬仰。雷锋精神不仅属于中国，而且属于世界。

4. 雷锋精神的系统特质

结合雷锋精神的内涵、雷锋精神的层次结构、雷锋精神的时代价值，我们对雷锋精神有了一定的了解。无论在空间上还是在时间上，雷锋精神都不是孤立的，它具有系统的特质。

首先，雷锋精神具有先进性：它以思想的先导、认识的前瞻、行为的先驱为广大人民群众树立了追随的好榜样。

其次，雷锋精神具有继承性：雷锋精神不是凭空产生的，它是对人类历史精神遗产经过“筛选”，去其糟粕、取其精华以后的继承，还要在继承的基础上不断发展。

第三，雷锋精神具有实践性：雷锋精神来源于雷锋本人和当代先进人物的社会实践，必须主动地、自觉地用来指导我们的社会实践，学习雷锋不能“光说不练”。

第四，雷锋精神具有可行性：“人皆可为尧舜”，学习雷锋不能“高山仰止”，因为雷锋精神是可以学到手的，雷锋的思想境界是可以“无限逼近”的。

最后，雷锋精神具有系统性：雷锋精神是共产主义思想体系中的一环，是社会主义精神文明建设的重要内容。

二、雷锋精神永不磨灭

我们都知道雷锋精神形成是以社会主义制度的建立为经济基础的。在新旧社会的强烈对比中，雷锋同志逐渐形成了对社会主义的坚定信念，正是社会主义对雷锋的影响，让他在新中国艰苦之时为国无私奉献、艰苦奋斗。马克思主义指出：“随着经济基础的变更，全部庞大的上层建筑也或快或慢地发生变革。”就是在这种社会中，雷锋精神应运而生。在公有制出现以后，以什么样的思想引领人民前进就成了一个难题，毛泽东同志在马克思主义引领下倡导全心全意为人民服务，倡导以榜样树立思想，重视榜样的力量。于是，在社会主义建设时期，雷锋同志成为新思想新时代道德的典型，毛泽东同志题写“向雷锋同志学习”，号召全党、全国人民向雷锋学习。

如今，弘扬和学习雷锋精神更具有现实意义，那就是在当代青少年群体中树立雷锋榜样，以雷锋精神引领青少年形成正确的人生观、价值观、世界观。

在学习雷锋精神的过程中，有的人提出：雷锋精神是五六十年代的精神产物，与当下的时代精神相比是不是有些过时？回答是否定的。雷锋精神没有过时，它与改革开放、与时俱进、开拓进取、求真务实、奋勇争先的时代精神是一脉相承的。雷锋精神是高尚的，永远不会过时，它从来没有离开我们，而是深埋在人们心底，彰显在人类的行为中。

毛主席曾经说过：“一个人做些好事并不难，难的是一辈子做好事。”于某一时、某一隅做些好事，不能算作真正的“雷锋”，那可能是心血来潮，也可能是哗众取宠，抑或是心有所求，做表面功夫。正如许多公司在雷锋日做好事，这样不仅没有真正的传扬雷锋精神，反而在一定程度上助长了私利主义。真正的雷锋，做好人好事，既不分时点与地段，也不求名利与回报，而是完全发自内心的自觉的意愿，正如雷锋那句朴实却又振聋发聩的话："这是我应该做的。"

1963年3月5日，毛主席"向雷锋同志学习"的题词发表。1963年3月6日，也就是毛主席题词发表的第二天，《解放军报》独家发表了在京的国家领导人刘少奇、周恩来、朱德和邓小平的题词手迹。刘少奇的题词是："学习雷锋同志平凡而伟大的共产主义精神。"周恩来的题词是："向雷锋同志学习憎爱分明的阶级立场，言行一致的革命精神，公而忘私的共产义风格，奋不顾身的无产阶级斗志。"朱德的题词是："学习雷锋，做毛主席的好战士。"邓小平的题词是："谁愿当一个真正的共产主义者，就应该向雷锋同志的品德和风格学习。”陈云的题词是：“雷锋同志是中国人民的好儿子，大家向他学习。”各位领导人都用各自独特的语言风格，从各个方面对雷锋做出了肯定。正如毛主席所说，学雷锋不是学他哪一件好事，也不是学他某一方面的优点，而是要学他的好思想、好作风、好品德；学习雷锋长期一贯地做好事，而不做坏事；学习他一切从人民的利益出发，全心全意人民服务的精神。如今，从1963年3月5日被定为雷锋日已经过去半个世纪了。那么学习雷锋精神，到底该学什么？

雷锋精神的具体内容表现在以下四个方面：爱憎分明的阶级立场、言行一致的实干精神、公而忘私的共产主义风格和全心全意为人民服务的奋斗宗旨。

（一）爱憎分明的阶级立场

雷锋是实践社会主义、共产主义思想道德的楷模，他是我们全国人民学习的榜样。雷锋一心向着党，他把党比作母亲，把自己的生命看成是党和人民的，无论遇到怎样艰难复杂的情况，都“坚决听党的话，一辈子跟党走”，“为了党，愿洒尽鲜血，永不变心”。“对待同志要像春天般的温暖，对待工作要像夏天一样火热，对待个人主义要像秋风扫落叶一样，对待敌人要像严冬一样残酷无情。”这是雷锋给我们留下的名言。这种强烈的阶级情感，正是雷锋精神的精髓。

共产主义战士雷锋的一个显著特点，是他时刻不忘旧社会的苦，不忘党和毛主席的恩情。在雷锋的日记中，我们能深刻感受到雷锋对党、对毛主席和社会主义制度无比热爱，对阶级敌人刻骨仇恨的爱憎分明的无产阶级立场。因为他牢牢地记住了，是党和毛主席把自己从旧社会的苦海中解放出来，获得了新生。他把党比作母亲，一直将自己的生命与国家联系起来。在多次的演讲报告中，雷锋总是用自己的亲身经历教育自己的工友、同志，并将自己的亲身经历和新旧社会对比，不仅愤怒控诉了旧社会的罪恶，而且热情歌颂党和毛主席的伟大，歌颂社会主义制度的优越性。这对党内同志思想有很大的指导作用。尤其是处在社会主义建设探索时期，人民公社化运动和大炼钢铁的展开，人民的社会主义建设热情极其高涨，更需要有正确鲜明的阶级立场和坚定的社会主义理想。

1. 社会主义建设时期

1956 年，我国完成了对农业、手工业、资本主义工商业的社会主义改造。毛主席认为，随着农业、手工业、资本主义工商业社会主义改造高潮的到来，中国工业化的规模和速度，已经不能完全按照原来所设想的那个样子去做了，都应该适当加快。1957 年 11 月，毛主席参加苏联十月革命胜利 40 周年庆典，赫鲁晓夫说：15 年后，苏联可以超过美国。毛主席回答：15 年后，我们可能赶上或超过英国。从这一时间段起，中国进入大跃进的高潮时期。农村生产合作社早在社会主义建设初期就有过，到了 1957 年、1958 年前后，农村各地纷纷出现“放卫星”的现象，由于缺乏经验，分不清什么是集体所有、什么是全民所有、什么是共产主义、什么是社会主义，形成人民公社时期的“五风”：共产风、浮夸风、强迫命令风、瞎指挥风、干部特殊化风。这“五风”说起来容易，却给国家造成了很大的损失，紧接着的三年自然灾害和这时的人祸是有很大联系的。雷锋虽处在人民公社化运动的前期，但尖锐复杂的阶级斗争、路线斗争已部分呈现，他能够始终做到立场坚定、旗帜鲜明，根本的原因就在于他平时刻苦学习马列主义、毛泽东思想，具有了高度的阶级斗争、路线斗争觉悟，因而能够坚定自己的共产主义路线。

在雷锋去世之后，我国的社会主义建设遭受了很大的困难。尖锐复杂的阶级斗争、路线斗争，给我国社会各个阶层的人们以巨大的挑战，尤其是在大跃进和人民公社化的后期。

大跃进确实给国家带来了许多危害，如打乱了国民经济秩序，浪费了大量的人力物力资源，造成了工农业比例失调。在大跃进的过程中，毛主席和其他中央领导人逐步发现了许多问题。为了纠正大跃进运动带来的共产风、浮夸风、命令风、干部特殊风、对生产瞎指挥风等问题，毛泽东和党中央从 1958 年 11 月到 1959 年 3 月连续组织召开了五次会议：第一次郑州会议（1958 年 11 月 2 日到 10 日）、武昌会议（1958 年 11 月 21 日到 27 日）、八届六中全会（1958 年 11 月 28 日到 12 月 1 日）、第二次郑州会议（1959 年 2 月 27 日到 3 月 5 日）、上海会议（1959 年 3 月 25 日到 4 月 1 日）。这些会议进一步划清了社会主义与共产主义、集体所有制与全民所有制的界限，肯定了现阶段我国是社会主义社会，肯定了人民公社基本上是集体所有制；批评取消商品经济的做法；“压缩空气”，把高指标压下来；批评抢先过渡到共产主义的空想。在经过九个月的努力之后，这些现象得到了遏制。随后毛泽东和中央决定召开一次中央政治局扩大会议，来统一思想、总结经验、继续前进。1959 年 7 月 2 日至 8 月 1 日召开了中央政治局扩大会议，8 月 2 日到 16 日又召开了八届八中全会，这两次会议又统称庐山会议。此次会议分为三个阶段，第一阶段被称为神仙会，主要是总结经验，继续纠正“左”的错误。第二阶段是对“彭德怀同志的意见书”的争论，并且毛泽东在召开的中央常委和协作区会议上讲了四点意见，提出了“现在要反‘左’”。第三阶段是批判会，毛泽东在八届八中全会上指出：“庐山会议不是反‘左’的问题，而是反右的问题。”反右斗争逐步走向扩大化，这些都将对我国经济政治的发展产生很大影响，同时也为文化大革命的发生埋下了伏笔。

庐山会议的最终结果导致了反右斗争的扩大化。我们重新审视那段历史时便不难发现，反右派斗争一个重要的原因就是对形势做了过分严重的估计，也就是过分夸大了阶级之间的矛盾。1956 年召开的中共八大正确分析了国内外形势和国内主要矛盾的变化，指出国内的主要矛盾已经是人民对于建立先进工业国的要求同落后的农业国的现实之间的矛盾，已经是人民对于经济文化迅速发展的需要同当前经济文化不能满足人们需要的状况之间的矛盾。虽然当时确实有右派分子的进攻，但“只是在一定范围内，并不是普遍的，全国性的”。庐山会议后，反右派运动扩大化，确实把一大批人错划为“右派分子”，误伤了许多好同志、好干部和同党长期合作的朋友，其中不少是有才能的知识分子。许多同志和朋友因而受了长期的委屈、压制和不幸，不能在社会主义建设事业中发挥应有的作用。这不但是他们个人的损失，也是整个国家和党的事业的损失。

从 1966 年 5 月到 1976 年 10 月，我国进

行了历时十年多的“文化大革命”。1956 年基本上完成社会主义改造以后，我党召开了第八次全国代表大会，及时地制定了发展社会主义事业的正确路线，明确地指出了国内的主要矛盾。但此后国内外发生了一些重大事件，影响了我党坚定不移地贯彻八大正确路线。苏共二十大全盘否定斯大林的恶劣后果越来越明显、越来越严重。八大刚开完就发生了匈牙利事件，造成了很大的混乱和损失。同时反右派斗争犯了严重扩大化的错误，表现在理论指导方面就是改变了八大关于国内主要矛盾的判断，认为在社会主义条件下，无产阶级和资产阶级的矛盾、社会主义道路和资本主义道路的矛盾，仍然是国内的主要矛盾。这就为“以阶级斗争为纲”的错误指导方针，提供了理论根据。在确立了“以阶级斗争为纲”的指导方针后，阶级斗争在理论上和实践上的错误发展得越来越严重。阶级斗争的范围在认识上由社会延伸到党内。作为执政的无产阶级政党领袖，毛泽东极为关注党和人民政权的巩固，高度警惕资本主义复辟的危险，并且努力探索解决这个问题的途径，这是十分可贵的。他为消除党和政府中的腐败现象和脱离群众现象所作的坚持不懈的斗争，也赢得了广大党员和群众的拥护。他提出防止和平演变、警惕中央出现修正主义等一些具有战略价值的理论观点，至今仍有重大意义。但是，他在阶级斗争问题上的一系列“左”倾观点以及党内和党的领导层出现修正主义的论点，是不符合中国实际的，是完全错误的。毛泽东以他丰富的斗争经验和深刻的洞察能力，看到了西方敌对势力推行和平演变战略的危险性。他要使全党特别是年轻的一代，在大风大浪中得到反复辟的锻炼。不幸的是，他采用“文化大革命”这样一种错误的方式方法，期望进行一次认真的反修防修大演习，结果造成了一场长时间的动乱和各方面巨大的损失，这是事与愿违的。

可见，坚持正确鲜明的阶级立场，不仅仅是对我们每一个人的要求，更是对党和国家领导干部的特殊要求。从 1921 年中国共产党成立开始，中国共产党的性质就已经决定了为人民服务的本质，也正是中国共产党，实现了我国的民族独立与繁荣富强。如今，在建设有中国特色的社会主义时期，我们党依然是中国工人阶级的先锋队，是中国人民和中华民族的先锋队，是中国特色社会主义事业的领导核心，这是它所固有的区别于其他政党的特性。因此，拥有正确鲜明的阶级立场，对我国坚持社会主义道路、发展社会主义具有十分重要的意义。

2. 社会主义新时期

雷锋精神是否过时？改革开放以后，确实有过这样的发问。雷锋精神确实是在社会主义计划经济的社会中产生，它是时代的要求，是历史的产物。随着“文化大革命”的结束和十一届三中全会的召开，中国又进入了一个新的时代。改革开放使中国的经济得到飞速发展，人民生活水平有了很大提高。不管是国家建设的需要，还是社会道德的需要，雷锋精神都是新时期必不可少的价值内涵。

十一届三中全会之后，以邓小平同志为主要代表的中国共产党人，总结新中国成立以来正反两方面的经验，解放思想，实事求是，实现全党工作重心向经济建设转移，实行改革开放，开辟了社会主义事业发展的新时期，逐步形成了建设中国特色社会主义的路线、方针、政策，创立了邓小平理论。十三届四中全会以来，以江泽民同志为代表的中国共产党人，在建设中国特色社会主义的实践中，加深了对“什么是社会主义、怎样建设社会主义”和“建设什么样的党、怎样建设党”的认识，积累了治党治国新的宝贵经验，形成了“三个代表”重要思想。“三个代表”重要思想是对马克思列宁主义、毛泽东思想、邓小平理论的继承和发展，反映了当代世界和中国的发展变化对党和国家工作的新要求，是加强和改进党的建设、推进我国社会主义自我完善和发展的强大理论武器，是中国共产党集体智慧的结晶，是党必须长期坚持的指导思想。

具体来说，中国共产党是中国工人阶级的先锋队，同时是中国人民和中华民族的先锋队，是中国特色社会主义事业的领导核心，代表中国先进生产力的发展要求，代表中国先进文化的前进方向，代表中国最广大人民的根本利益。中国共产党的根本宗旨就是全心全意为人民服务，因此，把党的全心全意为人民服务的宗旨作为我们的人生价值取向，对坚定共产主义信念、树立正确的人生观和价值观具有重要的意义。

中国共产党是中国特色社会主义事业的领导核心，是历史的必然，是人民的选择。因此加强党的自身建设，使党始终成为立党为公、执政为民、求真务实、改革创新、艰苦奋斗、清正廉洁、富有活力、团结和谐的马克思主义执政党，就必须以马克思列宁主义、毛泽东思想、邓小平理论和“三个代表”重要思想作为自己的行动指南，始终保持坚定鲜明的阶级立场，以实现共产主义为自己奋斗的最终目标。坚持领导和团结全国各族人民，以经济建设为中心，坚持四项基本原则，坚持改革开放，自力更生，艰苦创业，为把我国建设成为富强民主文明和谐的社会主义现代化国家而奋斗。

2009 年，党的十七届四中全会指出，党的先进性和党的执政地位都不是一劳永逸、一成不变的，过去先进不等于现在先进，现在先进不等于将来先进；过去拥有不等于现在拥有，现在拥有不等于将来拥有。如今，中国已经成为世界经济必不可少的重要组成部分，全球化已成为时代发展的必然。而随着国际交流的深入，中国也面临着许多新的国内国际问题，因而对党的执政考验、改革开放考验、市场经济考验、外部环境考验将显得更加重要。这四大考验，对落实党要管党、从严治党的任务比过去任何时候都更为繁重和紧迫。因此，坚持党的自身建设，使党始终保持正确鲜明的阶级立场，实现中华民族的伟大复兴，就必须将党的建设完善为思想理论建设、组织建设、作风建设、反腐倡廉建设和制度建设的“五位一体”大布局。在新的发展阶段，坚持把党的执政能力建设和先进性建设作为主线，全面推进党的思想理论建设、组织建设、作风建设、反腐倡廉建设和制度建设，只有这样才能把党的建设的各个方面和各个环节有机贯通起来，进一步提高党的领导水平和执政能力，进一步提高拒腐防变和抵御风险的能力，保证我们党始终充满创造力、凝聚力、战斗力，始终成为中国特色社会主义伟大事业的坚强领导核心，团结带领人民夺取全面建设小康社会新胜利、开创中国特色社会主义事业新局面。

因此，加强党的思想建设，树立正确鲜明的阶级立场，对无产阶级政党自身建设具有重要的意义，也是无产阶级政党保持先进性的必然要求。共产党之所以是无产阶级最先进的党，最根本的原因就在于它有鲜明的阶级立场，并时刻以科学的世界观作为思想指导。恩格斯指出：“我们党有个很大的优点，就是有一个新的科学的世界观作为理论的基础。”列宁更加明确地提出：“只有以先进理论为指南的党，才能实现先进战士的作用。”而这些观点，都是在坚定无产阶级道路的基础上提出来的。可见，拥有鲜明的阶级立场，才能有正确的方向。

党风是党的性质和世界观在行动上的体现，也是党的思想建设的重要方面。党风不同于党性，却与党性有着十分密切的联系。中国共产党是中国工人阶级的先锋队，也是中国人民和中华民族的先锋队，更是中国特色社会主义事业的领导核心，它所固有的区别于其他政党的特性，也就构成了我们党的党性。党性，从本质上来说是阶级性的集中体现。党员干部是我党执政的主要组成部分，因此，干部要带头讲党性，做党性最强的干部，把党性作为衡量干部觉悟的高低和立场是否坚定的准绳。不管是在任何时候、任何情况下，都要时刻保持政治上的清醒与坚定，都要忠诚于党和人民。不为名利所困、不为物欲所驱、不为人情所拢，像雷锋同志“对待敌人要像严冬一样残酷无情”那样对待一切不正之风，以一种不信邪、不怕得罪人的精神，做到绝不用关系代替原则，绝不用感情代替党性，做到干干净净干事，清清白白做人，始终保持清正廉洁的阶级本色。这就构成了我党党风建设的重要内容，也成为我党思想建设的重要组成部分。无产阶级政党在进行思想建设和组织建设的同时，也要始终高度重视并加强作风建设。加强理论联系实际、密切联系群众、批评与自我批评，只有高度重视中国共产党在长期的革命实践中形成的这三大优良作风，才能始终保持无产阶级先锋队的性质，才能长久保持党的执政地位，为我们社会主义的建设做出重要的贡献。

如今，雷锋精神已在中国的广袤大地上经历了五十多年。在这一过程中，雷锋精神的传承并不是想象中那么一帆风顺，它也经历了一个发展变化的过程。随着改革开放后社会主义市场经济体制的建立和外国思想的入侵，原有的雷锋精神也遭到新的挑战。人们的物质条件越来越丰足，但随之产生的精神迷茫、信仰危机、道德滑坡也在不断显现，如电影《离开雷锋的日子》，就很好地表现了我国社会道德的深刻变化。作品以乔安山的精神世界为切入点，深刻反映了新时期雷锋精神面临的困境，但结局中那片红色的充满希望的雷锋志愿队，又一次让我们看到了新的希望。同时，也反映了雷锋精神在新时期的本质内涵。爱憎分明的阶级立场不仅仅是对党和国家应有的阶级立场，更是广大人民应有的坚定立场。这半个多世纪以来，在雷锋精神的感召下，大批雷锋式的模范人物不断出现，如舍生忘死的欧阳海和王杰、在暴风雪中保护集体羊群的“草原英雄小姐妹”、头部负伤不下火线的海军战士麦贤德、“县委书记的好榜样”焦裕禄等。如今，雷锋精神已成为一个开放的文化系统，成为时代精神文明的同义语和先进文化的表征，时代赋予了它极其丰富的内涵。如在非典、地震、泥石流等大灾大难面前，广大干部、群众、官兵成了雷锋精神最生动的诠释者。同时，雷锋精神的传承发扬，更是广大人民身体力行的结果。正如北京特大暴雨时，市民开着私家车、打着双闪灯奔向机场无偿为滞留旅客服务，那情景被无数人铭记。此外，还出现了首都的士雷锋车队、八通暖阳志愿者团队、蓝天救援队、“红蜡烛”特殊家庭子女跟踪教育服务队、文明拍客队等，雷锋早已不再是一个人，而是一个群体、一种传承、一股与时俱进的城市新风尚。现在，中国注册志愿者总数已超 3000 万，各类志愿服务站 17.5 万个。他们，不仅仅只活跃在北京奥运会、上海世博会、广州亚运会上，更多的是服务于日常生活中。正是他们平凡的行为，阐释了新时期雷锋精神的内涵，同时也深刻反映出他们有着一颗全心全意为人民服务的心。而有如此平凡而伟大的思想和壮举，关键在于他们有着最基本的鲜明的阶级立场。

（二）言行一致的实干精神

言行一致是雷锋的一个重要特点，也是雷锋精神的重要组成部分。雷锋总是把实现崇高的理想落实到本职岗位上，说到做到，表里如一。他坚持理想与现实相一致，决心为共产主义奋斗终生，甘做一颗永不生锈的“螺丝钉”，干一行，爱一行，钻一行；他注意理论联系实际，政治上对自己要求严格，自觉经受思想锻炼，逐步成长为一名具有高度共产主义觉悟和道德修养的战士。

1. 什么是言行一致的实干精神

古人云：“口能言之，身能行之，国宝也。”言行一致，就是说到的必须做到，理论和实践一致。对于社会中的普通大众来说，学习雷锋言行一致的革命精神，说到底就是锻造我们做人的品格。因而，时代对待雷锋及雷锋精神的态度，反映的恰恰正是我们自己对待做人的态度。对一般社会成员来说，言行是否一致，能否做到“言必信、行必果”，不仅影响、决定、制约着个人的品格，并且最终会影响到一个社会的文明程度。而对于领导阶层而言，言行一致既是组工干部职业道德的核心内容，也是组工干部的基本形象所在。组工干部只有掌握好“言”的度，真正做到言必信，行必果，才能真正树立起可信、可靠、可敬的新形象。所谓言行一致，就是始终以党的旗帜为旗帜，以党员标准为标准，不做“墙头草”，而要做到人前人后一个样、对上对下一个样、对人对己一个样；所谓言行一致，不能只想干事而不会干事，只有“唱功”而不练“做功”；所谓言行一致，就是谨言慎行，谨慎交友，管好自己的嘴，管住自己的行，管好身边的人，“勿以善小而不为，勿以恶小而为之”。

言行一致，强调了实事求是、理论联系实际和苦干的精神。空谈误国，实干兴邦。具体来说，实事求是中国共产党人在中国革命的长期艰苦斗争中形成的思想路线和作风，是毛泽东思想的根本点。一切从实际出发，即从客观存在的事实出发，按照实际情况决定工作方针。理论联系实际，即把理论与实践结合起来，坚持实践是检验真理的唯一标准，把实践作为判断认识真理性的标准。正如毛泽东指出：“‘实事’就是客观存在着的一切事物，‘是’就是客观事物的内部联系，即规律性，‘求’就是我们去研究。我们要从国内外、省内外、县内外、区内外的实际情况出发，从其中引出其固有的而不是臆造的规律性，即找出周围事变的内部联系，作为我们行动的向导。”可见，坚持实事求是，理论联系实践，革命才会成功，事业才会进步和发展，而实现实事求是、理论联系实践，就必须做到言行一致。苦干，也是言行一致的重要内容，就是要树立正确的苦乐观，以苦为荣，以苦为乐，正视困难，藐视困难，不怕苦，敢吃苦，能吃苦，以顽强的精神和钢铁般的意志去战胜困难，创造美好生活。实干，就是要扎实、踏实、求实，不图虚名，不尚空谈，扑下身子，埋头工作，淡泊名利，无私奉献。埋头苦干是一种生活态度、一种工作风格、一种奉献行为，包含了许多人性的优秀品质，比如认真、踏实、敬业、负责、奉献等。当前，我们要充分发扬艰苦奋斗的精神，养成严谨、踏实、敬业的工作态度，任劳任怨，吃苦耐劳，增强执行力、行动力、凝聚力，在苦干中创造奇迹。

2. 为什么要提倡言行一致的革命精神

言行一致是中华民族的传统美德，是马克思主义政党的品质内核，也是对党员干部的要求。面对不断发展的经济形势和越来越高的责任要求，我们必须不断加强作风建设，不断提高工作效率，克服虚假作风，力戒形式主义，弘扬实干精神。具体主要表现在以下几个方面：

实干精神是共产党人的实践品质和先进本色，是我们党的优良传统和宝贵财富。马克思曾经讲过，“一个行动胜过一打纲领”；毛主席大力倡导“实事求是，力戒空谈”；邓小平同志多次指出，“世界上的事情都是干出来的，不干，半点马克思主义也没有”；江泽民同志警示全党“空谈误国，实干兴邦”；胡锦涛同志反复强调，要“求真务实、真抓实干”。我们共产党人正是凭着这种实干精神，不畏艰

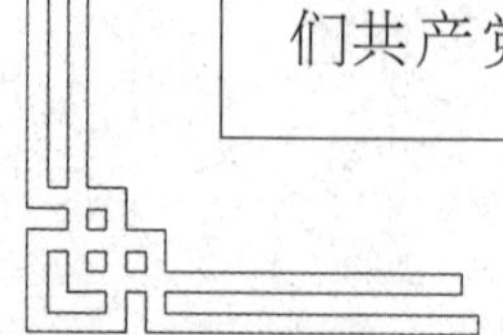

难，奋发进取，战胜了前进道路上的困难，开辟了光明灿烂的前景。实干精神闪耀着永恒的光芒，洋溢着时代的活力。当前，应对风险挑战，抢抓发展机遇，推动逆势而上，实现率先发展，尤其需要发扬实干精神。

实干是战胜困难的法宝。我们前进的道路上既充满了发展机遇，也面临着风险挑战。困难面前，悲观消极、束手无策没有出路，毫不畏惧、奋起实干才有未来。无限风光在险峰。一切办法，只有在实干当中才能找到；一切问题，只有在实干当中才能解决；一切机遇，只有在实干当中才能抓住。困难是对实干精神的呼唤和昭示，挑战是对实干精神的锻造和升华。面对错综复杂的形势，必须把心思用在实干上，把劲头放在实干上，在实干中建树信心，在实干中推动发展。

实干是领导能力的体现。实干既是领导干部的优秀品质，又是领导能力的鲜明特质。领导能力来源于实干，又见之于实干。群众评价一个干部的能力，往往是不看宣言看行动，不看“唱功”看“做功”的。与其喊破嗓子，不如甩开膀子。实干是最好的领导方法，实干是过硬的领导能力。领导者既要有先进的理念，又要是操作的“里手”。如果只会说不会干，只挥手不动手，做空谈的巨人，当实干的矮子，就毫无能力可谈，也毫无水平可言。一个人的生命是有限的，领导者的任期是短暂的。为一个地方的发展多干些长远、打基础的事，为一方百姓的福祉多做惠万家、荫子孙的事，既是使命所系，也是价值所在。各级领导要十分注重锤炼实干的品质，把嘴上说的、纸上写的、会上定的，变成具体的行动和实际的效果，在实干中体现领导能力，在实干中展现岗位追求，在实干中实现人生价值。

实干是干部成长的途径。干部的成长不是跑出来的，而是干出来的。跑出来的干部，群众信不过，工作拿不起，将来走不远；干出来的干部，人民信得过，自己立得起，一路走得稳。心系百姓，为民干事，人民就会选择你；与时俱进，创新干事，时代就会选择你；敢于担当，扎实干事，历史就会选择你。

实干是事业发展的要求。事业是干成的，不是吹成的；局面是“打”开的，不是“喊”开的。实干兴市，空谈误事。大干大发展，小干难发展，不干不发展。当前，发展的机遇千载难逢，干事的舞台无比广阔。能够赶上这样一个好的年代，能够碰上这么一个好的机遇，是领导干部的光荣与梦想，也是我们人生的一大幸事。各级干部要倍加珍惜干事创业的工作舞台，倍加珍惜稍纵即逝的从政时光，弘扬实干精神，崇尚实干作风，让发展的氛围热起来，把发展的形象树起来，在顺境中乘势而上，在逆境中昂扬奋起。

实干必唯实，实干要真干。当前面临的任务很重，要干的工作很多，但首要的任务是保持经济的平稳快速增长。抓住了经济建设这个主题，就抓住了全局；把握了经济增长这个重点，就把握了大势。一切工作都必须围绕“保增长，扩内需，调结构”来谋大势，争主动，开好局。而这一切，都是学习雷锋精神，传承言行一致精神的结果。

3. 怎样做到言行一致

中国梦，是新一届中央领导集体在国家博物馆参观《复兴之路》展览过程中提出的一个词，这是一个集体概念，并不特指单个人的利益和价值，而是大家共同的目标和价值追求。国家之梦，反映国民之梦；个人之梦，融为民族之梦。当今中国，国家理念与人民期盼同声相应；个人梦想与民族梦想一脉相承，中国梦既是“强国梦”，也是“富民梦”。中国梦的实现，是不能脱离单个个体而存在的，它依靠那些有着梦想和实干精神的青年人发挥主力军的作用。因此，拥有实干精神，做到言行一致，有着极其重要的作用。

雷锋精神不仅是我国政治发展的需要，更是我国精神文明的重要组成部分。广大人民群众也需要有言行一致、苦干的雷锋精神。不管是个人还是企业，青年在整个社会活动中占有重要的主体地位，因而，培养青年言行一致、实干苦干的精神，具有重要的社会意义。

首先，想干事是青年成长成才的前提。因此，必须培养青年实干的意识。思想是行动的先导，想干事是青年成长成才的第一步。只有树立想干事的思想，才能克服虚假作风、形式主义和懒散行为，才能抓住机遇，积极应对挑战，才能激发出干事情的兴趣和动力，从而把心思用在实干上，把劲头放在实干上，扎实干好每一天，踏实做好每件事。

其次，敢干事是青年成长成才的关键。青年人不要做空想的巨人、实干的矮子，而要敢于直面矛盾、正视困难、迎接挑战，敢想他人未曾想，敢谋他人未曾谋，敢干他人未曾干。说干就干，脚踏实地；该干则干，雷厉风行；把嘴上说的、纸上写的、墙上挂的变成踏踏实实的作为和实实在在的行动，真正做到言行一致。

再次，会干事是青年成长成才的核心。实干不是蛮干、瞎干、乱干，实干不仅要低头拉车，更要抬头看路。要在实干中深化对形势的判断，深化对问题的思考，深化对规律的认识，把科学态度与实干精神结合起来，把尊重规律与大胆创新结合起来，把大政方针与自身实际结合起来，把着眼长远与抓好当前结合起来，减少工作的盲目性、片面性和机械性，增强实干的原则性、系统性、预见性。

最后，干成事是青年成长成才的根本。想干事，敢干事，会干事，脚踏实地一步一个脚印地走过来，终将实现我们的根本。经过想干事、敢干事、会干事的锤炼，我们锻炼了干事的能力，积累了干事的经验，收获了干事的信心，更增强了我们主动承担责任、积极应对挑战的意识，使我们变得越发成熟稳重。遇到新挑战，处理新问题，解决新困难，就能不等不靠，自动自发，积极谋划应对挑战的对策，主动寻求解决问题的途径，大胆探索克服困难的方法。

风正潮平，自当扬帆破浪；任重道远，更需策马扬鞭。我们要坚持以实干为荣、以实干为责、以实干为大，以想干凝聚实干的力量、以敢干展示实干的气魄、以会干增强实干的本领，下大力气干、下真功夫干，脚踏实地干、雷厉风行干，科学施策干、尊重规律干、围绕大局干、依靠大家干。大力弘扬实干精神，让实干的氛围热起来，把实干的形象树起来，在顺境中乘势而上，在逆境中昂扬奋起，尽快成长成才，为祖国发展壮大贡献力量，为实现“中国梦”增添新的活力。

学习雷锋精神，尤其是言行一致的精神，对个人来说，就是发扬“嚼得菜根，做得大事”的菜根精神；对企业来说，就是发扬“给点土壤就成长，给点阳光就灿烂”的草根精神；对国家来说就是发扬“实干兴邦，空谈误国”的务实精神，反对“拍脑门想事、拍胸脯办事”的形式主义；反对“东混西混，一帆风顺；会捧会献，杰出贡献；会钻会溜，考绩特优；互踢皮球，前途加油”的机会主义；反对“台上讲得天花乱坠，台下听得昏昏欲睡，台上讲得满头汗，台下鼾声连成片”，“打雷闪电热在上层，星星点点落在中层，不声不响冷在基层”的官僚主义……

“我们自古以来，就有埋头苦干的人，有为民请命的人，有舍身求法的人……这就是中国的脊梁。”修身、齐家、治国、平天下，无论哪一条都离不开吃苦实干。实干精神是我们每一个人应具有的优秀品格。我们必须弘扬实干精神、言行一致精神，抓紧每一天，干实每一天，抢抓机遇，用时不我待的精神做好工作，积极探索，勇于创新。要不断学习新技术，不断掌握新技能，不断总结新经验，不断适应新要求。一心一意干实事，在意识上就是要坚守实事求是的意识，坚定不移地贯彻实事求是的精神，克服虚假意念，在行动上就是要脚踏实地地干，实实在在地做，不当空头评论家，不当袖手旁观者，不搞劳民伤财的花架子，不摆中看不中用空招式，从我干起，从现在干起，干实活好每一天，实实在在做好每件事。

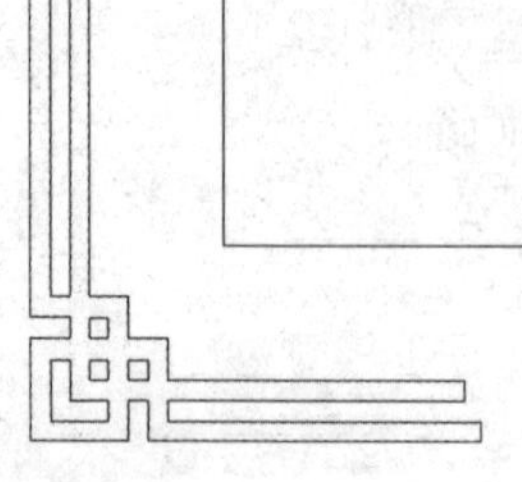

（三）公而忘私的共产主义风格

雷锋一生都在为人民服务。他用自己的行为，为我们做了一个榜样。在雷锋看来，“个人和集体的关系，正像细胞和人的整个身体关系一样。当人的身体受到损害的时候，身上的细胞不可避免也要受到损害。同样的，我们每个人的幸福也依赖于祖国的繁荣，如果损害了祖国的利益，我们每个人就得不到幸福！”正因为如此，雷锋时时处处都以党、人民和祖国的利益为重，把帮助别人看作是最大的幸福和快乐，把有限的生命投入到无限的为人民服务中去。

1. 什么是公而忘私的共产主义风格

根据马克思主义的科学思想，个人和集体的关系是对立统一的。集体，从宏观上说，是指社会这个大集体；从微观上说，是指以某种共同目的或任务联系、结合的人们的集合体。个人是指处于一定的社会关系之中并具有不同的社会地位、才能和作用的个体的人。而公而忘私的精神更多是指一种思想、一种价值观，也就是集体主义。

集体主义，是主张个人从属于社会，个人利益应当服从集团、民族、阶级和国家利益的一种思想理论，同时也是共产主义道德的基本原则。它的基本内容就是从无产阶级的根本利益出发，处理个人与集体、个人与社会之间的关系，强调无产阶级的集体利益高于个人利益，要求个人利益服从集体利益、眼前利益服从长远利益、局部利益服从全局利益。

我国是社会主义国家。新中国成立前，我国人民与封建主义、帝国主义以及官僚资本主义进行了艰苦卓绝的斗争，终于经过一个世纪的努力，终于实现了中华民族的伟大胜利。中国共产党的胜利和社会主义制度的建立，为我国长久的民族独立和繁荣富强奠定了基础。在社会主义条件下，我们国家的性质已然决定了国家、集体和个人三者之间的利益从根本上说是一致的。在社会主义的中国，国家利益、集体利益是通过每个劳动者的集体努力来实现的，而国家利益、集体利益的发展又是个人利益得以实现的最可靠的保证，只有在集体中，个人才能获得全面发展。

集体主义也是一个集体在长期的共同生活和共同的社会实践基础上形成和发展起来的为集体大多数成员所认同和接受的思想品格、价值取向和道德规范，是一个集体的心理特征、思想情感的综合反映。因而，在社会主义社会基础上发展的集体主义，也可称为是社会主义集体主义。社会主义集体主义的核心是为人民服务。社会主义集体主义既是一种价值观，又是处理国家、集体和个人三者关系的政治原则和道德原则，它的主要内容是：坚持国家、集体和个人利益相结合，促进社会和个人的和谐发展，倡导把国家、集体利益放在首位；充分尊重和维护个人的正当利益，发挥个人的主观能动作用；当国家、集体和个人利益发生矛盾时，个人利益要服从国家和集体利益。

集体主义作为一种价值取向，它的产生也是与一定的生产关系状况相适应的。集体主义作为新时期正确的价值取向，首先，从根本上反映了社会主义公有制关系的客观要求，体现了全国人民的根本利益。其次，也正确地解决了个人利益和集体利益的关系。最后，它是我国人民全面建设小康社会的力量源泉。因而，弘扬雷锋精神、倡导集体主义是时代发展的要求，也是社会主义社会的本质和改革开放、发展市场经济的客观要求，也是我们必须坚持的正确价值取向。

在集体主义中，最关键的是集体与个人的关系。在生产力水平十分低下的原始社会，人们只有共同劳动，共同抵御各种自然力的袭击，才能生存。如今，在科学技术日益发达、生产社会化程度不断提高的情况下，社会的联系纽带十分复杂，个人更不能脱离社会、脱离这样或那样的集体而存在。因而，一个人的长足发展，必然与社会的联系密切相关。一旦脱离社会，游离于集体之外，个人就无法生存，更谈不上发展。从某种程度上说，社会的发展也就是个人的发展，同时也是集体利益的实现、个人利益的满足的根本保证。因此，正确处理集体和个人的关系，不仅是国家发展的需要，同时也是个人价值实现的必要保证。

2．公而忘私的表现

雷锋用一生阐释了公而忘私的共产主义风格，同时一代又一代舍身忘己、无私奉献的志士仁人用艰辛和汗水传扬了公而忘私的精神。他们都是用自己最朴实的劳动阐释了集体主义的真谛。

在我们的社会中，有许多公而忘私的先进人物，他们用自己的生命阐释了雷锋精神的精神实质，将公而忘私的精神表现得淋淋尽致。具体来说，我们可以从以下一些事迹来领会雷锋公而忘私的精神本质。

(1)“最美”

吴斌（1965 年 3 月 8 日—2012 年 6 月 1 日），出生于浙江杭州，是杭州长途客车司机。2012 年 5 月 29 日，他像往常一样驾驶大客车，当车行驶在沪宜高速上时，突然一个长方形铁块（后被证实为刹车片）砸中他的腹部和手臂，他忍住剧痛停稳大客车，拉好手刹闪起双黄灯，用自己的生命换来了 24 名乘客的安全。他在严重受伤后仍然牢牢控制车辆，做好一系列安全措施并疏散乘客的行为受到了广泛的赞扬和尊敬，并被誉为“最美司机”。

2012 年 5 月 18 日晚，高铁成休假归队途中在哈尔滨市南岗区一家面馆用餐，准备乘当晚 9 点的火车返回部队。面馆突然发生煤气泄漏，当顾客纷纷往外跑时，高铁成不顾个人安危，三次冲向火海排险救人，造成头、面、颈、双上肢和右脚二度烧伤。因此，高铁成被誉为“最美武警战士”。

2012 年 5 月 8 日 20 时 38 分，在佳木斯市胜利路北侧第四中学门前，一辆客车在等待师生上车时，因驾驶员误碰操纵杆致使车辆失控撞向学生，危急之下，教师张丽莉将学生推向一旁，自己却被碾到车下，造成双腿截肢，骨盆粉碎性骨折，另有4名学生受伤。5月14日，教育部发出通知，授予舍己救人的佳木斯市教师张丽莉“全国优秀教师”荣誉称号，并要求全国广大教师和教育工作者要以张丽莉为榜样，爱岗敬业，关爱学生，严谨笃学，勇于创新，为人师表，无私奉献，以人格魅力和学识魅力教育感染学生。张丽莉也因此被誉为“最美教师”。

2012年7月21日，北京遭遇61年来最大强度降雨。在滂沱大雨中，面对堵塞的雨水管道，有人毫不犹豫地卧倒在积水中徒手清掏，感动了无数网友，感动了整个北京，他就是海淀区环卫中心二队魏公村班的一名普通清洁工，名叫李成友。暴雨如注，积水成河，他奋不顾身跳入水中清理排水孔的身影，凝聚成北京精神的“最美剪影”和“最佳注脚”，也成为暴雨日当天“最美”人物之一。

2012年7月9日下午5时40分，德州至哈尔滨的1547次列车缓缓驶入昌黎火车站，火车进站时，突然有旅客跳下站台卧轨轻生。生死关头，有人不顾一切奋力相救，不料双腿被车轮轧过，身受重伤。他就是郑州铁道警官高等专科学校90后大学生李博亚，人们心中的“最美学警”。7月17日16时57分，李博亚发出了伤后的第一条微博：“作为一名预备警察，我做了我该做的事情，我不后悔。如果有第二次，我还会跳下去救人。”

45岁的周震寰来自江西，在浙江温州乐清一家电器厂当保安。2012年6月16日凌晨零时，周震寰租住的乐清市城南街道上米岙村一间四层民房突然着火。从睡梦中惊醒时，周震寰完全有机会逃生，但他却选择了救人，并在营救中被严重烧伤。烈焰升腾，只顾自己先逃生，还是先救人，在那一个瞬间，或许你的转身能让自己平安，但会有人在你眼前伤亡；或许你的转身就能救出别人，但会伤及自己。周震寰用一个转身诠释了人性的美好，诠释了道义的真谛。因此，他被誉为“最美保安”。

2012年6月4日，年仅18岁的临漳县砖寨营乡协王村小伙王俊旺，在武安市打工时，为了避免滑坡失控的货车撞击其他工友和煤气管道，不顾个人安危，追随车辆强拉制动，不幸被失控车辆碾轧罹难。18岁的生命，20秒的义举。拼死控车救人的临漳农民工小伙王俊旺就这样在一场突如其来的危难中将自己的人生定格。因此，他被誉为“最美农民工”。

(2) 感动中国人物杨善洲

杨善洲从事革命工作近40年，生前曾任保山地委书记。在任期间，面对家属“农转非”的多次机会，杨善洲要么直接推脱，要么将申请表藏进抽屉，直到去世后才被发现。“大家都去吃居民粮了，谁来种庄稼？我们全家都乐意和8亿农民同甘共苦建设家乡。”到了退休的年纪，组织上想安排杨善洲去昆明安享晚年，他又一次婉言谢绝。

长期乱砍滥伐，大亮山生态受到遭到破坏，水土流失严重。“我要为百姓做几件实实在在的事情。”冲着这句承诺，杨善洲在卸任后一头扎进了荒草丛生的大亮山，住竹篾搭的屋子、睡树桩搭的床，他希望给乡亲们再造山清水秀。

自那以后，杨善洲与林场职工同吃同住，每天从早忙到晚，雨季植树造林，旱季巡山防火。创业初期资金短缺，老书记把平时种下的几十盆盆景全部移栽到大亮山上，甚至跑到大街上去捡别人丢弃的果核，积少成多，用马驮上山。

担任林场负责人的 20 多年间，杨善洲不要分文报酬，只肯接受每月 70 元的伙食补助。他为林场争取了近千万元资金，却从未私自动过一分钱。走了不知多少路，吃了不知多少苦，杨善洲带领工人植树造林 7 万多亩，使林场林木覆盖率超过 87%，并修建了 18 千米的林区公路，架设了 4 千米多的输电线路。

（3）感动中国人物罗阳

罗阳（1961 年 6 月 29 日—2012 年 11 月 25 日），歼一15 研制现场行政总指挥、中航工

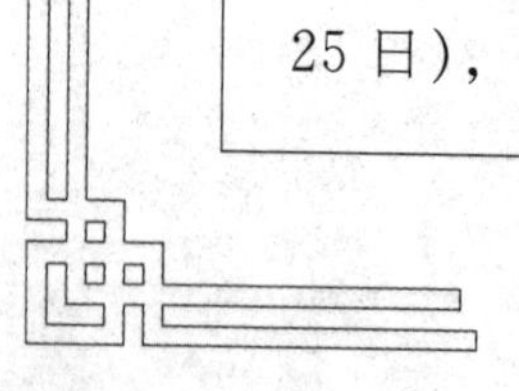

业沈阳飞机工业（集团）有限公司董事长、总经理。2012 年 11 月 25 日 12 时 48 分，在大连执行任务时，突发急性心肌梗死、心源性猝死，经抢救无效，在工作岗位上殉职，享年 51 岁。2013 年 2 月，罗阳当选 2012 年度感动中国人物。罗阳，他为沈飞而生，为沈飞而死。他战斗在歼—15 舰载机研制的最前线，罗阳陨落，却托起了中国航母新时代。2012 年 12 月 5 日，国务院决定追授罗阳同志“航空工业英模”荣誉称号。

这样的先进人物很多很多，不管是国家领导或是农民工，他们都有一个最大的特点，就是他们有着集体主义价值观，在个人利益与集体利益发生冲突时，他们都将集体利益置于自身利益之上。他们在追求集体利益的同时，也实现了自己人生的价值。这与雷锋“全心全意为人民服务”体现的集体主义价值观不谋而合，他们的精神实质是一致的。因此，我们需明确自己的价值观，真正发扬公而忘私的共产主义风格。

（四）全心全意为人民服务的奋斗宗旨

雷锋人生观最光彩夺目的部分，就是他正确地解决了“全心全意为人民服务”的问题。他把“生为人民生，死为人民死”作为自己的信条，“时刻准备着为党和阶级的最高利益，牺牲个人的一切，直至生命”。雷锋曾经说过，“要把有限的生命投入到无限的为人民服务中去”，这种“全心全意为人民服务”的思想，在新时期的特色社会主义建设中显得十分必要。

那么，“全心全意为人民服务”的本质内涵是什么？为什么要坚持“全心全意为人民服务”？

全心全意为人民服务，这是毛泽东在坚持马克思列宁主义思想的基础上，继承为广大人民群众谋利益与为劳动人民服务的思想，也结合中国新民主主义革命与社会主义革命和建设的具体实践而提出的思想。1942年，毛泽东在延安文艺座谈会上指出，我们的文艺是为人民的，是为着人民大众的。1944年9月8日，毛泽东在张思德烈士追悼会上做了《为人民服务》的讲演，第一次从理论上深刻阐明了“为人民服务”的思想，并在后来的新闻接待过程中明确指出：“三心二意不行，半心半意也不行，一定要全心全意为人民服务。”之后在1945年党的七大开幕式上，毛泽东指出：“我们应该谦虚，谨慎，戒骄，戒躁，全心全意地为中国人民服务。”在七大政治报告《论联合政府》中，他强调：“全心全意地为人民服务，一刻也不脱离群众；一切从人民的利益出发，而不是从个人或小集团的利益出发；向人民负责和向党的领导机关负责的一致性；这些就是我们的出发点。”党的七大更是把中国共产党人必须具有全心全意为人民服务的精神写入了党章。毛泽东提出的全心全意为人民服务的思想，既是“人民群众是中国革命与中国历史主体”的客观表现，同时也是无产阶级大公无私本质的集中体现，更是我国劳动人民乐于助人的传统美德的继承和发扬，是雷锋精神本质内涵的重要体现。

作为整个社会奋斗的宗旨，全心全意为人民服务包括以下四层基本意思：一是完全和彻底的全心全意为人民服务，而不是半心半意、三心二意、无心无意或假心假意；二是一切言行都从人民的利益出发，不从个人或小集团的利益出发，任何时候都把人民利益放在第一位，处处为人民谋利益；三是在处理国家、集体、个人三者利益时，要把国家利益、集体利益放在第一位，个人利益服从集体利益，局部利益服从全局利益，眼前利益服从长远利益；四是密切联系人民群众，相信人民群众、尊重人民群众、依靠人民群众。

那么，坚持全心全意为人民服务有怎样的意义？

首先，全心全意为人民服务反映了社会主义生产方式的基本要求。马克思主义认为，社会主义的最终奋斗目标就是实现共产主义。根据马克思主义思想的构想，共产主义是一项世界性历史性的事业，要最大限度地满足人们的物质和精神方面的需要。在共产主义条件下，人类社会生产力极大发展，物质产品极大丰富，私有制消亡，人们形成了自由人的联合体，实现了按需分配。异化劳动被自由劳动扬弃，劳动将成为人的第一需要。这意味着，人们通过对象化的劳动为别人服务的同时，也在实现着个人自己的价值。到那时，全心全意为人民服务将普遍成为每个个体的自觉意识，因为人们不再受狭隘而自私的贪欲的束缚。在社会主义初级阶段，由于私有制与市场经济在一定范围内存在，“全心全意为人民服务”的思想还无法完全实现，但作为一种奋斗目标，也是历史和社会发展的必然要求。

其次，全心全意为人民服务是一个合规律性与合目的性有机统一的命题。毛泽东将全心全意为人民服务作为中国共产党的宗旨，体现了其对世界历史发展规律的深刻洞察以及将马克思主义中国化的高超智慧。无论是在历史上还是在现代化过程中，历史与价值的矛盾一直困扰着政治家和思想家们。资本主义在带来经济效率的提高与物质的繁荣的同时，却也导致了社会道德的沦丧与价值的失落。从某种程度上看，人们陷入了所谓的“历史尺度”与“道德尺度”谁当优先的二律背反。毛泽东站在世界历史的高度，洞悉了历史与价值的辩证法，提出了全心全意为人民服务的思想。

作为中国革命的领袖，毛泽东敏锐地发现，人们群众的力量需要凝聚起来，才能发挥其巨大力量；同时，人们也必须依靠自己的政治组织共产党，才能在中国社会主义革命与建设中实现主人翁地位。因此，他强调人民群众的基础作用，相信人民群众的创造精神，主张共产党应始终坚持走群众路线，并以全心全意为人民服务为根本宗旨。他说：“应该使每个同志明了，共产党人的一切言论行动，必须以合乎最广大人民群众的最大利益，为最广大人民群众所拥护为最高标准。应该使每一个同志懂得，只要我们依靠人民，坚决地相信人民群众的创造力是无穷无尽的，因而信任人民，和人民打成一片，那就任何困难也能克服，任何敌人也不能压倒我们，而只会被我们所压倒。”

因此，毛泽东“全心全意为人民服务”的思想具有世界性的历史意义。如果将全心全意为人民服务的思想置放于我国的发展，结合雷锋一生的经历，我们依旧可以看出，在这样的人生观指导下，雷锋始终保持着昂扬的精神状态和勇往直前的革命干劲，在平凡的岗位上做出了不平凡的成绩，用生命践行了为共产主义事业奉献毕生的誓言。因此，不管是代表最广大人民利益的中国共产党还是社会里的每个人，都应尽力做到全心全意为人民服务。

1. 中国共产党坚持全心全意为人民服务的重要性

我国是社会主义国家，因此，我国的性质从根本上决定了党的性质，决定了中国共产党必须始终不渝地坚持全心全意为人民服务的根本宗旨。即使在新中国成立之前，中国共产党成立时就已经把为人民服务作为自己的根本宗旨，把维护工人阶级和全国各民族的利益作为党的一切活动的出发点和落脚点。我们党之所以始终不渝地强调坚持全心全意为人民服务的根本宗旨，还因为我们党是以马克思主义为理论基础的党。以马克思主义为理论基础，必然要把全心全意为人民服务作为自己的根本宗旨。只有全心全意依靠人民群众，党才会有力量。

中国共产党不仅在理论上始终不渝地强调全心全意为人民服务的根本宗旨，更在实际奋斗中始终不渝地践行为人民服务的根本宗旨。这么多年来，我们党坚持用马克思主义的立场、观点、方法观察和分析世界发展的总趋势、中国社会的实际状况和中国人民的根本利益，依据中国的国情，不断从各方面探索为人民服务的规律，始终把实现和维护最广大人民的根本利益作为党的路线方针政策以及全部工作的基本出发点，做到始终深深扎根于人民群众，为中国人民和中华民族的根本利益而不懈奋斗。

我们党在为人民服务的长期实践中积累了丰富的宝贵经验。在新的历史起点上更好地坚持为人民服务的根本宗旨，要更好地运用并在实践中不断丰富发展为人民服务的经验。坚持全心全意为人民服务的根本宗旨，要锻造一支坚强的党员干部队伍。政治路线确定之后，干部就是决定的因素。党的路线能否得到全面、正确的贯彻执行，能否实现好、维护好、发展好最广大人民的根本利益，关键在于要有一支坚强的党员干部队伍。我们党历来十分重视干部队伍建设，在不同历史时期，培养和造就了一批又一批、一代又一代适应革命、建设和改革需要的党员干部。而现实也不断证明，正因为有了一支在经受各种考验中不断得到锻炼提高的干部队伍带领广大人民群众，坚决贯彻执行党在各个历史时期的正确路线，我们党才战胜了各种艰难险阻，始终保持着强大的凝聚力和战斗力，不断从胜利走向胜利。

十一届三中全会以后，我们国家以战略的高度确立了“三步走”战略。全国人民坚持以经济建设为中心，为实现小康，实现我国社会主义现代化而努力。这一伟大战略的确立与实施，正是坚持全心全意为人民服务宗旨的集中体现，更是人民意愿的集中反映。

我们党多年的历史也充分表明，在任何时候任何情况下，全心全意为人民服务的宗旨不能变，与人民群众同呼吸共命运的立场不能变，坚信群众是真正英雄的历史唯物主义观点不能丢。

(1) 坚持全心全意为人民服务的宗旨，是巩固党的执政地位的现实需要

马克思主义认为，任何政党的产生和存在，都有一定的社会基础。先进的政党必须根植于最广大人民群众的沃土，才能不断发展和壮大起来；而最广大人民群众之所以需要先进政党，归根结底就是先进政党始终代表他们的根本利益，始终为他们服务。我们党成为执政党，是历史的选择，人民的选择。历史和人民

选择了我们党，就是因为我们党始终把全心全意为人民服务作为自己的执政理念、应尽责任和神圣使命。只有始终坚持全心全意为人民服务的宗旨，我们党才会有牢固的执政根基。因此，弘扬雷锋精神，真正做到全心全意为人民服务，既是历史的选择，也是社会发展的必然要求。也只有坚持雷锋精神，坚持全心全意为人民服务，才能实现中国的长远发展。

此外，不断提高党的领导水平和执政水平，提高拒腐防变和抵御风险的能力，加强以保持党同人民群众血肉联系为核心的执政能力建设，更是我党保持执政地位，实现真正代表广大人民群众利益的必然要求。因此，党员干部特别是党员领导干部，在新的历史条件下必须始终坚持全心全意为人民服务的宗旨。

(2) 坚持全心全意为人民服务宗旨的基本要求

在新的历史时期，在党长期执政的条件下，不断推进改革开放和社会主义现代化建设，发展社会主义市场经济，赋予党的宗旨以新的时代内涵，对坚持党的宗旨提出了新的更高要求。首先，坚持立党为公、执政为民。立党为公、执政为民，是“三个代表”重要思想的本质，是我们党必须恪守的政治立场，也是我们党根本宗旨的集中体现。能不能落实立党为公、执政为民的要求，是衡量有没有真正学懂、是不是真心实践“三个代表”重要思想的最重要标志。同时，领导干部要确立正确的思想意识，真正做到权为民所用，情为民所系，利为民所谋，切实实现好、维护好、发展好最广大人民的根本利益。这些都应当贯穿于我们党的全部上作中，体现在每一个党员和干部的思想行动上。在长期奋斗历程中，党员队伍中涌现出一大批立党为公、执政为民的先进典型。如身居高位、权为民用、利为民谋、一身正气、两袖清风的郑培民；两次赴藏、情系高原、无私奉献、血洒雪域，为西藏的建设和繁荣恪尽职守的孔繁森；执法为民、服务群众、惩恶扬善，被誉为“人民好警察”的任长霞；以“人民的利益高于天”为座右铭，把群众的呼声当作第一信号、群众的需要当作第一选择、群众的满意当作第一标准的党的好干部、人民的贴心人牛玉儒等。他们的事迹在全国人民中引起热烈反响，这就昭示我们：群众在干部心中的分量有多重，干部在群众心中的分量就有多重。广大党员干部一定要着力解决好权力观问题，真正做到立党为公、执政为民。

其次，坚持抓好发展这个党执政兴国的第一要务。“发展才是硬道理”，这是邓小平同志总结社会主义建设经验教训提出的著名论断。我们党把发展作为执政兴国的第一要务，归根结底是为了维护和实现最广大人民的根本利益，不断提高人民群众的生活水平，不断增强我国的综合同力。纵观整个世界，发展是时代的要求，更是中国人民的愿望，是解决中国一切问题的关键。要提高综合国力，在日趋激烈的国际竞争中立于不败之地，必须加快发展。百年沧桑的历史同样证明，只有发展才能救中国，才能真正改善人的生存处境，真正实现中华民族的繁荣富强。

最后，坚持拒腐防变，始终保持清正廉洁。党的性质和宗旨，决定了共产党人必须永远保持清正廉洁的本色，做到清正廉洁是广大党员、干部特别是领导干部必须具备的政治品格，是新时期共产党员保持先进性的基本要求。近些年来，腐败问题已成为一个非常严重的政治问题，严重危害到国家政治体制以及经济的正常发展。因此，加强党性教育，防治贪污腐败、独断专行、滥用职权、玩忽职守，就必须深刻理解并真正把全心全意为人民服务作为自己的行为宗旨，真正做到代表最广大人民群众的利益，实现人民群众当家做主。

(3) 把坚持全心全意为人民服务的宗旨落到实处

全心全意为人民服务，不只是一句简单的话、一种思想，更应该是一种行为。每个产党员都必须始终坚持党的群众路线，牢固树立群众观点，从解决群众最关心、最迫切的问题入手，诚心诚意为群众办事，把党的根本宗旨真心落实到各项工作中，使人民群众得到实实在

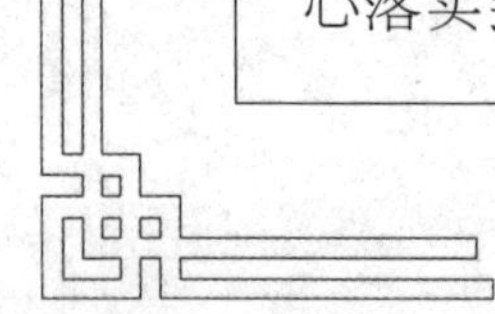

在的利益。具体应从以下几方面入手。

首先，着眼于最广大人民的根本利益，正确制定、执行党和国家的各项方针政策。要把坚持党的宗旨真正落到实处，必须坚持以最广大人民的根本利益为出发点和落脚点，正确执行党和国家的各项方针政策。也就是说制定政策必须体现大多数人的利益，执行政策必须维护大多数人的利益，在坚持和维护广大人民根本利益的前提下，妥善协调和处理好各个方向的利益关系，努力构建社会主义和谐社会。同时，也要正确处理好当前利益与长远利益、根本利益的关系。无论制定政策还是执行政策，都要把当前利益与长远利益、根本利益统一起来，不能只顾当前利益而忘了长远利益，也不能只讲长远利益而忽视人民群众的当前利益。广大共产党员既要认真贯彻执行党在现阶段的方针政策，又要牢固树立大局意识和奉献意识，处处体现共产党员应有的思想境界。要在党和国家方针政策的指导下，通过诚实劳动、合法经营和创造性工作，在为社会创造财富的同时获取自己的正当利益；又要带头弘扬乐于助人、甘于奉献的社会主义道德，热情关心、支持和帮助周围群众共同发展，努力为困难群众排忧解难。在面对个人利益时，更应当立足国家和人民的利益，自觉用党员标准，用社会主义道德来规范和约束自己的行为；同时积极向党的组织和有关部门提出完善现行政策的意见和建议，使现行政策更好地体现和维护最广大人民的根本利益。

其次，广大党员干部必须坚持党的群众路线，保持同人民群众的血肉联系，老老实实向人民学习，真心诚意为人民服务。而最关键的就是要相信群众、依靠群众，善于解决人民切身的利益问题。人民群众是社会的主体，是人类历史的创造者。谁深深扎根于人民之中，同人民群众结合在一起，真正相信群众，依靠群众，谁就有力量、有智慧、有办法，就能战胜困难，为人民多作贡献。在具体的工作中，更要倾听群众呼声，反映群众意愿。尤其是我国改革发展处在关键的时期，社会利益关系比较复杂，新情况、新问题不断出现，其中很多矛盾和问题与基层群众切身利益密切相关。每个党员都应该同广大人民有较紧密的联系，及时了解民情，准确反映民意。党员领导干部更要深入群众、深入基层，自觉到最困难的地方去，到群众意见多的地方去，了解群众在想什么、不满什么，及时解决群众最现实、最关心、最紧迫的问题。

最后，要探索新途径、新方法，做好新形势下的群众工作。早在中国革命时期，我党军队就密切联系群众，帮助农民获得土地，尤其在根据地实行的土地改革，不仅使农民的生活有了改善，而且与中国共产党的联系也更加密切。我们党密切联系群众的作风，善于做群众工作的优势，是我们党各项事业不断取得胜利的重要保证。做好新形势下的群众工作，是关系巩固党的执政基础的一件大事，也是新形势下落实党的宗旨的必然要求。当前，随着经济结构和社会结构的深刻变化，随着信息网络化的迅速发展，随着国际间各种思想文化的相互激荡，人们的利益关系呈现多样化，群众思想和行为的独立性、选择性、多变性也表现出明显的差异，使群众工作上面临了许多的新情况、新问题。做好化解矛盾、统一思想、团结群众的工作，不仅要有强烈的责任感，还必须把握新形势下群众工作的特点和规律，探索新途径、新方法，不断提高组织群众、宣传群众、教育群众、服务群众的本领。因此，在做好群众工作的过程中，必须坚持以人为本，必须坚持贴近实际、贴近生活、贴近群众，创新内容、创新形式、创新手段，针对群众的热点、难点问题，真正做到为人民服务。引导党员干部发挥模范带头作用，把解决思想问题同解决实际问题结合起来，深入了解民情，充分反映民意，把好事办好，把实事办实。总之，一切都得身体力行，真正从人民的利益出发，才能做到全心全意为人民服务。

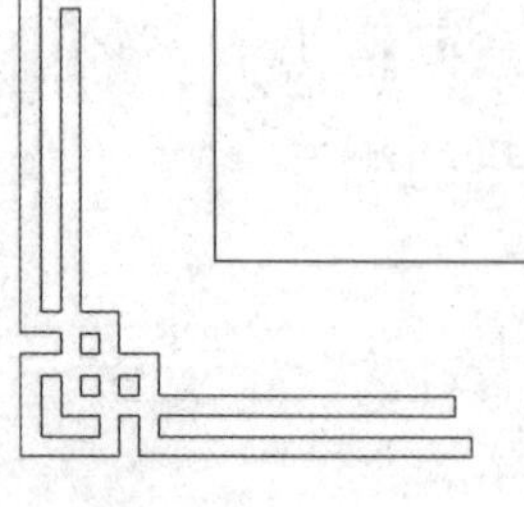

2. 广大人民群众坚持全心全意为人民服务的重要性

任何的思想都需要行动来完成，任何的工作都必须落实在日常生活中。热爱人民、关心人民，就要求我们在日常生活中，一切以人民利益为重，一切为人民群众着想，一切向人民负责。这不仅仅需要党员干部的参与与指导，更需要广大人民群众的广泛参与。正如毛泽东所说，众人拾柴火焰高，群众的力量是伟大的。只要是对人民有益的事，不论是补路修桥、扶老携幼、寻亲觅友，还是指迷引路、请医送药，我们都应积极去做，并且全心全意、竭尽全力。只有在日常生活中坚持为人民服务，坚持为人民多做好事，热爱人民的信念才会坚定地树立起来。把为人民服务作为我们的奋斗宗旨，要求我们在观察事物、分析形势、处理问题时，必须自觉地站在人民的立场上。正如毛泽东同志指出的：全心全意为人民服务，一刻也不脱离群众；一切从人民的利益出发，而不是从个人或小集团的利益出发；向人民负责和向党的领导机关负责的一致性；这些就是我们的出发点。站在人民的立场上，最重要的是要深刻认识和代表人民的根本愿望和要求。一言一行都必须合乎广大人民群众的最大利益，以广大人民群众所认可的为最高标准。当然，我们强调全心全意为人民服务，坚持人民利益高于一切，并不是不顾个人正当的利益。事实上，人民的利益就包括着我们个人的利益，代表了我们个人根本的、长远的利益，两者从本质上说是一致的。因此，个人的利益也是我们需要努力维护的。

作为社会一员的我们，坚持全心全意为人民服务的思想，不仅配合了国家的需要、经济发展的要求，更是个人价值的实现。因此，坚持做到全心全意为人民服务，我们应当做到以下几个方面的要求。

首先，努力加强自身修养，提高为人民服务的本领。我们都知道，在现代社会，自我修养的好坏，在一定意义上对个人成功有决定性作用；同样，修养的好坏，也直接影响了一个人对另一个人的态度。自我修养从本质上看，是人的能力和素质的体现，主要体现在交流沟通能力、人际关系处理能力、诚信、胸怀、气度等方面，而这些都对人与人关系起着决定性的作用。现在社会经济中第三产业占国民经济很大比重，服务性的行业越来越多，提高自己的能力，加强自身修养，对社会主义建设有着重要意义。而一切经济的发展，最终都是为广大人民群众的切身利益服务。

其次，认真做好手头的每一件事，充分发挥螺丝钉作用。雷锋的一生是短暂的，但是他的精神却得以在整个社会传扬，最重要的就是不好高骛远，脚踏实地地在自己的工作岗位上尽量奉献，正是这种踏实的全心全意为人民服务的思想，激励了一代又一代人民，中国的社会主义建设才能取得如此巨大的成功。在新时期新时代，我们更应该学习雷锋踏实认真的态度和全心全意为人民服务的思想，充分发挥螺丝钉精神。

再次，从我做起，从小事做起。全心全意为人民服务，不仅仅需要靠国家领导人的努力，更需要社会每一个人的倾力奉献。如节约用水、用电，要真正做到节约，就需要广大群众的广泛参与。如果我们每个人都节约每一滴水、每一度电，那么这就无形中节约了大量的资源，不仅有利于我们的可持续发展，同时也是对中央政策的一种支持。这些都直接或间接地保证了人们的利益，也就真正实现了为人民服务。

复次，淡泊名利，乐于助人。全心全意为人民服务，不仅保障个人的利益，更是在保证广大人民的利益。而国家政策的制定与实施，从根本上影响了人们利益的实现。因此，党员干部必须遵循全心全意为人民服务的宗旨，必须保持廉洁公正的作风，认真踏实地在自己的本职岗位上工作。当然，当人们遇到困难问题时，更应该积极为之排忧解难，真正做到为人民服务。

又次，具有主动性。孟子曰：“天将降大

任于斯人也，必先苦其心志，劳其筋骨，饿其体肤，空乏其身，行拂乱其所为，所以动心忍性，增益其所不能。”因此，要想实现人生理想，真正做到为人民服务，就需要具备较强的耐心，并时刻坚信，前途是光明的，未来是曲折的。只要努力，只要保持高度的热情与信心，面对困难，迎难而上，那么任何的困难终会得到解决。同样，全心全意为人民服务，更需要我们具有较强的主动性，有努力为社会主义现代化建设贡献的信心。

最后，我们还必须努力提高自身的品性修养与理论水平，培养多方面的能力，掌握过硬的为人民服务的本领；必须要有扎扎实实的学习与工作作风和严谨的学习与工作态度。从身边小事做起，坚决抵制大事做不来、小事又不做的态度；从点滴小事做起，不因善小而不为，不因恶小而为之。总之，一切为保证人民利益需要的优秀品格，我们都应该学习。

总之，中华民族是一个充满着朝气的民族，新时期的中国是我们实现梦想的舞台，所有年轻人的梦想与国家民族兴衰荣辱紧密相连，因此，必须坚持全心全意为人民服务的思想，这既是新时代雷锋精神发展的结果，也是社会进步的必然要求。因此，坚持雷锋精神，坚持爱憎分明的阶级立场、言行一致的实干精神、公而忘私的共产主义风格、全心全意为人民服务的奋斗宗旨，都必须与切实的行动联系起来，既弘扬雷锋精神，也为“中国梦”的实现增添巨大活力。

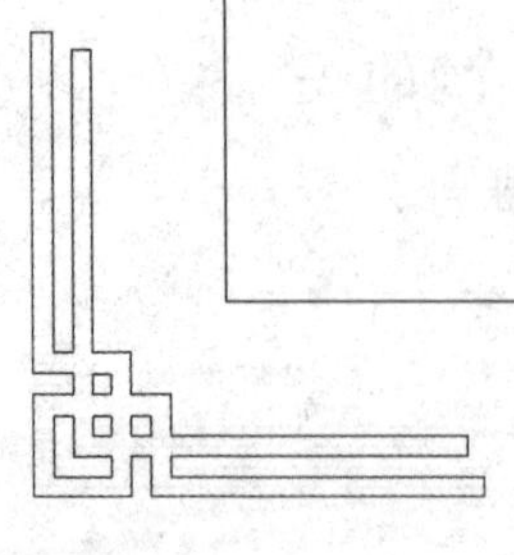

三、雷锋精神引领风尚

雷锋离世已经 50 多年了，这 50 多年来，雷锋精神像一团烈焰，永远闪耀着不灭的光辉。正是雷锋精神这不灭的精神力量，激励着一代一代的热血青年勇往直前，成为道德的模范。雷锋精神是我国工人阶级和劳动人民高贵品质的生动反映，也是我党我军优良传统的具体体现。它的实质是忠于共产主义和社会主义事业，毫不利己专门利人，全心全意为人民服务，“把有限的生命投入到无限的为人民服务之中去”。雷锋精神是我们时代精神的集中体现。1963 年 3 月，在党中央和毛泽东同志的号召下，全国人民掀起了向雷锋同志学习的热潮，对提高全国人民共产主义思想觉悟和道德品质，对我国社会主义革命和建设事业的发展都起到了不可估量的推动作用。今天我们所说的雷锋精神，已经成为雷锋和雷锋式的先进人物崇高思想和优秀品质的结晶，已经成为热爱祖国，热爱社会主义，热爱党，坚定共产主义信念，树立全心全意为人民服务的思想，发展人与人之间团结友爱互助的社会主义新型关系的理想人格。

但是，我们必须承认，随着时代的变化，对雷锋形象和雷锋精神的认识已经较 50 年前发生了很大的变化。社会中，一边是老人摔倒无人敢扶，一边是“最美妈妈”徒手接住坠楼女童；一边是“小悦悦”事件中 18 位路人的冷漠，一边是“最美司机”在生命最痛苦时刻仍担心他人安全的高尚风格。处于转型期的中国，不同的道德观、多元的价值观交织碰撞，描绘出一幅复杂的图景，痛心与感动并存，忧虑与希冀相伴。不可否认，“道德滑坡”现象在社会局部确实存在，造成这一现象的主要原因有以下几个方面。

首先，道德发展滞后性的原因。经济基础决定上层建筑，经济的发展决定了社会的精神文化。但是，正如经济的繁荣与文化的昌盛间的关系一样，道德的发展轨迹和经济的发展轨迹是同向的，但绝非简单同步。改革开放30多年来，中国的经济得到了飞速的发展，人民生活水平得到了很大的提高。但是，与之相适应的精神文化，却有了很大的漏洞。人的价值受国外思想的影响，不仅多元化，同时也带有明显的个人主义。这些都对新时期文化道德的建设有着不可估量的影响。

其次，体制机制不完善的原因。我国是社会主义国家。现在虽然取得了巨大的成就，但我国依旧处于社会主义的初级阶段。一些经济制度、政治制度还需进一步完善。而监督制约机制的不完善，成为部分官员贪污腐败的重要原因，社会征信等信用体系缺失，也导致企业和个人屡屡失信。社会收入差距不断拉大、贫富分配不均直接造成了一些仇官仇富现象的出现。

再次，法治和德治还不完全相适应的原因。社会上存在重法治轻德治的倾向，甚至有人对德治很反感，认为德治就是人治，德治是法治的对立面。加上当前教育中道德教育的偏失，使得公民的行为远未能达到约束个人行为的能力。尤其是当前败德行为的代价过低，并与违法行为代价过低的情况交织在一起，导致许多道德问题产生。

最后，社会舆论放大效应的原因。一例败德的突发事件，会引起一些小报小刊和网络媒体的亢奋、躁动以及持续、深度的追踪报道。而那些在默默无闻的场合做着默默无闻的善事的平凡的道德模范们，却难以成为小报小刊和网络媒体关注的对象。媒体的这种新闻取向直接给社会造成了一种假象，这无疑给新时期道德文明建设以沉重一击。

回顾多年的学雷锋活动，我们有深刻的体

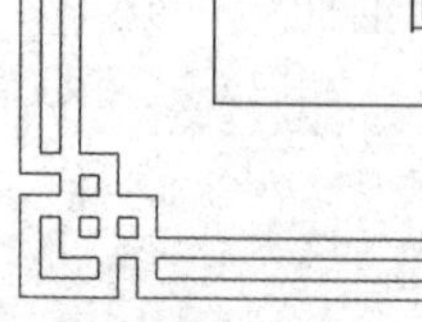

会：雷锋精神具有与时俱进的品质，必须注重学雷锋内涵的时代化。雷锋精神是永存的。雷锋同志爱党爱国的坚定信念、助人为乐的宝贵品格、敬业奉献的高尚情操、锐意创新的进取精神和艰苦奋斗的优良作风，始终让人们怀有美好的认同之心、敬仰之心、推崇之心。这就需要我们在保持其实质不变的情况下，坚持与时俱进，注重学雷锋内涵的时代化，从而使其更加贴近实际、更富生机活力、更能打动人心。具体从三个方面来说明。

首先是突出了时代性。自从十一届三中全会后，改革开放的实施，雷锋精神的学习就必定不能局限于某个方面、拘泥于某个领域，而应该作为推进思想道德建设的一个抓手，深化文明城市创建的一个载体，促进社会和谐稳定的一个途径，提升城市综合实力的一个内容，总体把握，全面推进。结合各大城市学习雷锋的情况来看，许多城市相继涌现出了许多的学雷锋小组、学雷锋志愿者服务队、个人志愿者。无论城市还是农村、机关还是企业、军营还是学校，人们用各自的方式践行和发扬雷锋的精神，自觉推进科学发展、促进社会和谐，从而为社会主义的建设提供力量支撑。

其次，突出时代主题。雷锋精神之所以既能引领时代，又能超越时代，就在于其能融入时代的大潮流，体现时代的主旋律。也就是说，雷锋精神是我们时代精神的集中体现。学雷锋要做好“五个人”的共识，即做一个忠诚于党、热爱人民的人；做一个与时俱进、爱岗敬业的人；做一个利人利他、团结友爱的人；做一个艰苦朴素、道德高尚的人；做一个诚实守信、求真务实的人。正是有了这种对时代主题的强烈认同，学雷锋才做到了真学真用、入脑入心。

最后，走在时代前列。雷锋的一生极其短暂，但他崇高的精神对党员干部、部队官兵和青少年学生具有重要影响。近年来，许多党政机关、窗口单位、学校部队被评为“雷锋号”示范学校、“雷锋号”示范窗口、“雷锋号”示范班组或是雷锋式人民公仆、雷锋式爱民官兵、雷锋式美德少年。这些都在充分发挥党员干部的带头作用、部队官兵的示范作用和青少年学生的生力军作用，让雷锋精神代代相传、发扬光大。正如沈阳军区“雷锋团”政委王洪刚所说：“我们始终把雷锋精神当团魂，把雷锋事迹当团课，把学雷锋典型当团宝，把《学习雷锋好榜样》当团歌，担当起学雷锋做传人的历史责任。”

（一）营造道德影响力

胡锦涛同志说：“一个社会是否和谐，一个国家能否实现长治久安，很大程度上取决于全体社会成员的思想道德素质。”公民的道德水平，体现着一个民族的基本素质，反映着一个社会的文明程度。加强公民道德建设，是提高全民族文明素质的一项基础性工程。这些年来，公民道德建设的加强，在广大群众的公民道德意识不断提高的同时，道德失范、诚信缺失、见利忘义、欺骗欺诈等现象屡禁不止；一部分人爱国主义、集体主义、社会主义观念淡薄，有损国格人格的现象时有发生；少数党员干部理想信念动摇、贪污受贿、违法乱纪，严重损害党的形象。加强和改进公民道德建设成为构建社会主义和谐社会的一项重要任务。

如今，雷锋已成为道德的代名词。作为一种思想、一种道德观，已经融入家庭、融入生活、融入我们的精神世界。正是渗透于我们意识深处的这种精神，才会转化为强大的道德力量，才能为社会主义的建设贡献一份力量。

具体来说，弘扬雷锋精神，营造道德影响力，需要我们用中华民族的传统美德、长期革命斗争与建设实践中形成的优良道德传统以及世界各国道德建设的有益经验，在发展社会主义市场经济伟大实践的基础上，针对当前道德建设中出现的问题，处理好以下几个方面。

首先，深入开展学雷锋活动，必须正确认识和对待雷锋精神的本质。雷锋是实践社会主义、共产主义思想道德的楷模，是全国人民学习的榜样。雷锋精神是雷锋人生实践的精神升华，是对雷锋个体精神风貌的高度概括，体现在雷锋平凡而伟大的一生中。雷锋的人生实践所凝聚成的雷锋精神，体现了中华民族的传统美德，顺应了社会进步的时代潮流，是先进性、崇高性与广泛性、平凡性的统一。学习雷锋，既要学习雷锋的先进事迹，又要学习伟大的雷锋精神。

深入开展学雷锋活动，要突出雷锋精神与时代精神和中华民族精神的关系，在雷锋精神的宣传学习中既要向雷锋个人学习，更要领会雷锋所代表的时代精神内涵，做到“实”与“虚”的统一。这样做有利于广大人民群众明白和懂得，雷锋在他短暂的生命历程中，时刻把党和人民的利益放在首位，在日常生活工作中坚持社会主义理想信念，是社会主义时期一大批优秀人物的典型代表；雷锋精神是对雷锋个体精神风貌的提升，是对雷锋生活的那个时代的时代精神的高度概括，作为爱人助人、敬业奉献的一种道德要求，蕴含着人类对人所应有的精神品质的理想价值取向。因此我们可以在学习雷锋精神的实践中感受永远不会过时的中华民族优秀传统美德，把握时代精神的现实召唤。

其次，雷锋精神的时代发展，要求以新的形式适应时代的发展。一个普通的解放军战士能够激励几代人的成长，一个平凡的共产党员能够赢得人民的崇敬，一个群众性的学习活动能够历久而不衰，这充分说明，雷锋精神从来就不是凝固僵化的道德教条，而是一种与时俱进的教育和激励人们前进的宝贵的精神力量。深入开展学雷锋活动，不能教条化地对待雷锋精神。要推动学雷锋活动的常态化，在总结和继承长期以来学雷锋活动好做法好经验的基础上，适应时代发展需要，丰富活动内容，创新活动载体，拓展新的形式，注入新的动力，处理好雷锋精神和学雷锋活动在不同时代条件下具体内涵“新”与“旧”的关系。

现实生活中有人一提到学习雷锋精神、开

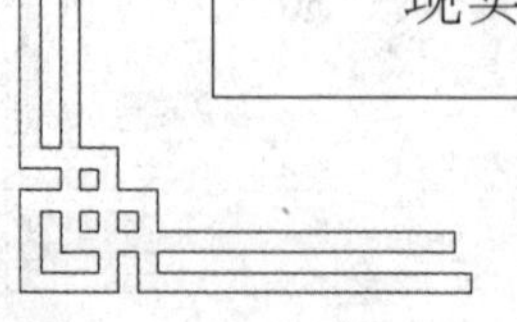

展学雷锋活动，往往简单地理解为做一点“好人好事”，以此诠释“助人为乐”、“拾金不昧”、“无私奉献”等，似乎这些就是雷锋精神和学雷锋活动的关键。今天开展学雷锋活动，弘扬雷锋精神，无疑要像雷锋那样做好人好事，把有限的生命投入到无限的为人民服务之中，继承学雷锋活动的传统范式，彰显雷锋精神优秀的道德元素。但在当今时代背景下，仅有此“旧”是不够的，还应创“新”，因为今天的时代不同于雷锋生活的那个时代，要立足时代赋予雷锋精神以新的内涵，开展时代化的学雷锋活动，如近些年在奥运会、世博会、抗震救灾等重大事件中兴起的志愿服务活动，就是学雷锋活动的接续，是雷锋精神在新时期的拓展和延伸。此外，还要充分发挥互联网、手机等新兴媒体的优势，运用新的传播手段和新的文化样式开展学雷锋活动，尤其要多宣传学习现实生活中像郭明义那样的“当代雷锋”，以此增强学习活动的鲜活感和号召力。

再次，雷锋精神是以行为实践为基础的社

会思想，需要我们长久的践行。雷锋精神是中华民族精神的重要内容，体现了中华民族的传统美德，顺应了社会进步的时代潮流，彰显了中国共产党的先进本色，是社会主义核心价值体系的生动体现。因而，学雷锋活动应该常态化，结合人们的日常生活、本职工作长期开展，而不应该是“一阵风”、“表面化”，追求短期效应。比如，在一些地方，平时不注重学雷锋，不把开展学雷锋活动纳入日常工作范畴，到了3月5日前后，轰轰烈烈地开展运动式的活动。这种短期化的学雷锋活动容易流于形式，不可能持久，也难以见到真正的实效，因而才会有“雷锋三月来四月走”的尴尬局面。

最后，推动学雷锋活动常态化需要开展一些专门的系列活动和集中的宣传，以此大力弘扬雷锋热爱党、热爱祖国、热爱社会主义的崇高理想和坚定信念；弘扬雷锋服务人民、助人为乐的奉献精神，干一行爱一行、专一行精一行的敬业精神，锐意进取、自强不息的创新精神，艰苦奋斗、勤俭节约的创业精神。但另一方面，学雷锋活动更需要从小事做起、从点滴做起、从细节做起，于细微处见精神。从这个意义上讲，学雷锋活动需要处理好“大”与“小”的辩证关系。

深入开展学雷锋活动，要引导广“大”群众参与，倡导人人学雷锋。学雷锋活动是一项弘扬中华传统美德、弘扬时代新风，不分年龄、不分民族、不分身份的群众性实践活动，人人都可以成为学习雷锋活动的参与者，人人都可争当雷锋。要坚持面向基层、面向群众、面向青少年，多运用群众喜闻乐见的方式，多搭建群众易于参与的平台，多开辟群众乐于接受的渠道，吸引广大群众积极参与学雷锋活动。要充分调动群众的积极性、主动性，使学雷锋活动、志愿服务活动延展到农村、工厂、军营，深入机关、企业、学校，确保取得实效。

同时，要从“小”事做起，从点滴做起。雷锋精神体现在雷锋生活的具体事情中，开展学习雷锋活动，学的是精神，见的是行动，就应当像雷锋那样从自己做起，从身边小事做起，从当下做起，把高尚的精神化为细小的有益行动。志存高远，胸怀宽广，树立远大理想，做一番惊天动地的伟业是学雷锋；紧跟时代步伐，永不满足，永不懈怠，发奋学习，在工作中做好每一件事情，尽到自己的职责也是学雷锋。从点滴做起，从小事做起开展学雷锋活动，表现了细小处见真情、细节中见精神、平凡里见伟大的真谛。这样的学雷锋活动贴近生活、贴近实际、贴近群众，更易为广大群众认同和践行。

新时期雷锋精神的发展，是新时期道德建设的要求。在正确处理“虚”与“实”、新与旧、长与短以及大与小的关系的基础上，还需不断创新在新时期开展学雷锋活动的平台载体。

以雷锋纪念馆为窗口，构建覆盖更加广泛的活动阵地网络。要大力发挥雷锋纪念馆的主阵地作用，完善馆内布局、丰富展览内容，创新展播形式，美化周边环境，将其打造成为具有全国影响的研究、传播、弘扬雷锋精神的神圣道德殿堂。要着力把雷锋故居和雷锋学校打造成全国学习雷锋活动的重要阵地。

举行“向雷锋同志学习”的主题活动，打造引领更加广泛的全国学雷锋的势头。每年3月5日，深入开展“向雷锋同志学习”题词发表纪念日学习宣传活动。每逢重要周年纪念日，邀请历届全国学雷锋的模范代表人物、全国知名伦理学专家、雷锋精神研究专家和思想政治工作者以及政治部等单位有关领导，开展全国性的学雷锋宣传表彰活动、学雷锋活动常态化经验交流活动和雷锋精神时代化研讨活动，使雷锋精神得以更广泛的传扬。

以“学习雷锋好榜样”为主题，开展参与更加广泛的文化活动。组织开展“雷锋歌曲大家唱”活动，以群众文艺千团展演为载体，唱响学习雷锋好榜样的经典歌曲，创作传唱学雷锋的新歌曲。把雷锋的故事和雷锋的日记等书籍配送到学校图书室、社区图书室和农家书屋，使宣传雷锋的电影进社区、进村镇。

以宣传雷锋故乡为主线，营造影响更加广泛的社会氛围。要在现有的雷锋镇、雷锋大道、雷锋学校的基础上，开展雷锋公园、雷锋社区、雷锋广场、雷锋街道、雷锋市场等命名活动，让雷锋的名字深深铭刻。组织国内主要媒体举办“雷锋故乡行”宣传活动，报道雷锋家乡学雷锋的新风貌。发挥“新媒体”的作用，创建雷锋网，开办雷锋事迹网上展览馆、创办“新时代雷锋微博”，吸引年轻一代和广大网民的参与。

以培育先进典型，发挥模范作用。雷锋精神的弘扬和传承需要通过一个个具有时代特征的鲜活典型来引领和示范。通过组织发动、媒体发现、社会推荐等形式，推出道德模范、优秀志愿者、身边好人等新时期的学雷锋典型。同时要重视培养树立各行各业的学雷锋典型，大力宣传植根基层、来自群众、可亲可信、可敬可学的模范人物，坚持用身边典型教育引导身边人，使雷锋精神更加贴近实际、更富时代气息、更能打动人心、更能引领风尚。

以创新工作载体，传播雷锋精神。要发挥已有的学雷锋活动载体的作用，根据环境和条件的变化，丰富内涵，活跃形式，不断设计推出更多群众乐于参与、便于参与的新载体和新形式，推动雷锋精神更为广泛的传播。加强雷锋精神理论研究，举办“学雷锋讲坛”和“雷锋精神论坛”，编辑出版雷锋精神研究刊物，深入挖掘雷锋精神的时代价值和深刻内涵，不断探索新时期雷锋精神的新内涵，实现雷锋精神与时代精神的结合。

以建立长效机制，实现雷锋精神常态化。着眼于学雷锋活动的常态化，把“争当雷锋精神传人、弘扬社会文明新风”这一具有时代特点、丰富内涵的实践活动持之以恒地抓出成效。坚持把学习雷锋活动纳入中小学校德育教学范畴。

纵观所有的传播雷锋精神的活动，都是以弘扬优秀品质基础之上的道德建设。为了更好地弘扬雷锋精神，营造道德影响力，我们更需认真坚持开展学雷锋活动的原则。

一方面，坚持贴近实际，贴近生活，贴近群众。贴近实际，最大的实际就是我国依旧处于社会主义的初级阶段，经济建设依旧是社会发展的重中之重。加之国际间的竞争愈加激烈，国与国之间的竞争已不再是简单的经济竞争，而是以科技、文化等综合国力的竞争。因此，实现战略三步走，实现社会主义现代化，就必须坚持雷锋精神，加强道德建设，来构建社会主义道德观。雷锋总能急百姓所急，总能从百姓最需要的地方施予帮助。如今，社会发生了巨大的变化，雷锋精神的具体内容也有了很大变化。因此，从现实情况出发，从现代人的生活需要出发，联系群众，帮助群众，从而从根本上做到为人民服务。贴近群众，要紧紧围绕“服务人民、奉献社会”这个主题，以诚信建设为重点，努力培养和弘扬爱岗敬业、诚实守信、办事公道、甘于奉献的职业精神，自觉成为职业道德的模范实践者。

另一方面，坚持与城市建设相结合、与思

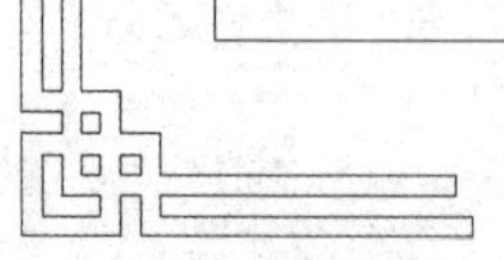

想道德建设相结合、与拓展社会志愿服务相结合。坚持与城市建设相结合，关键就是在城市发展建设的同时，加强思想道德建设，培养现代的文明意识，形成文明的言行举止，培育和谐的人际关系。与进一步加强和改进未成年人思想道德建设相结合，广泛开展“学雷锋、做一个有道德的人”主题活动，积极引导广大青少年成为理想远大、信念坚定的新一代，品德高尚、意志顽强的新一代，视野开阔、知识丰富的新一代。与进一步广泛拓展社会志愿服务领域相结合，广泛开展“高举雷锋旗帜、争做雷锋传人”志愿服务活动，推进“学雷锋、讲文明、树新风”等主题志愿服务活动，积极参与扶贫助学、慈善捐助、环境保护、科学普及、无偿献血、人文关怀、应急救助、重大活动等志愿服务活动，以便使一切爱心充分展现，让一切善举竞相推出，形成我为人人、人人为我的文明和谐社会氛围。

雷锋精神的生命力之所以如此持久，是因为它始终与社会发展和时代进步的精神需求紧密相连。今天的中国，社会结构深刻变动、利益格局深刻调整，人们在思想认识上的独立性、选择性、多变性、差异性日益增强，道德意识、价值取向日趋分化。社会越多元，就越需要以共同价值来凝聚。雷锋精神所蕴含的价值内核，正是社会主义核心价值体系的重要内容。这种精神，包含着一个公民所具有的奉献意识、责任意识、人文关怀和家国情怀。这种精神，能够最大限度地激发全社会的道德建设热情，集聚道德建设“正能量”，引导今天的人们为实现中华民族伟大复兴的“中国梦”而努力奋斗。

（二）保障机制常态化

雷锋是实践社会主义、共产主义思想道德的楷模，是全国人民学习的榜样。雷锋精神是中华民族精神的重要内容，体现了中华民族的传统美德，顺应了社会进步的时代潮流，彰显了我们党的先进本色，是社会主义核心价值体系的生动体现。我们每个人都要以雷锋为榜样，都要学习、弘扬和践行雷锋精神，以常态化的制度保障学习雷锋精神常态化，既不搞运动，也不走过场，创造良好的社会环境。在当今社会中，处处都有活雷锋。地方政府、教育主管部门要大力宣传雷锋事迹、雷锋精神和社会各界涌现出的雷锋式模范人物，围绕深入开展学雷锋活动的总体要求和主要内容，充分利用报刊、宣传栏、广播、电视和网络等宣传阵地，不断增强学雷锋活动的影响力，努力营造学习、弘扬和践行雷锋精神的社会环境。

学雷锋活动开展了五十多年，在取得重大成绩的同时，人们的认识和行为方面也出现了一些误区。受市场经济负面效应的影响，有些人思想道德滑坡，人生观、价值观发生扭曲，集体观念淡薄，追求自我价值、注重实惠，急功近利，缺乏远大理想和坚定信念。因而，在新时期弘扬雷锋精神就显得十分必要。

学雷锋的关键是要落实在实处，实现雷锋活动的常态化。雷锋精神对净化社会环境产生了潜移默化的影响，有人说，社会风气不正是普遍现象，我们无力改变。这种看法是片面的，要净化社会环境更要从小环境入手，坚持岗位学雷锋，通过自身努力，从一点一滴做起。当一个人以扶危帮困为己任，以付出奉献为快乐，视利他主义为理所当然，则雷锋精神已然内化于心，外化于行。对学雷锋活动先进单位和个人明文规定大奖特奖，生硬地去制造“雷锋”，不但起不到弘扬雷锋精神、净化社会风气的目的，反而会助推学雷锋活动的游戏化和投机性，规定对学雷锋活动的先进个人和单位在评优选优、招考招聘、子女上学等敏感领域予以照顾，且先不论其公平与否的问题，可以想见的是一部分人会借此机会，千方百计地“做好人好事”，没有机会要制造机会，没有条件会创造条件。把学雷锋活动和利益挂钩，必然会有不少人为捞取政治资本和其他利益而见风使舵，把自己装扮成“雷锋”，而个中实况，却委实难以让人掌握，但可以想见，当这些人在取得利益之后，脱下“雷锋”的外衣原形毕露的时候，那对雷锋精神的弘扬是一种多大的打击！因此，弘扬雷锋精神，最关键的是实现雷锋活动常态化。

2011 年 10 月，党的十七届六中全会通过的《关于深化文化体制改革，推动社会主义文化大发展大繁荣若干重大问题的决定》提出：深入开展学雷锋活动，采取措施推动学习活动常态化。2012 年 11 月，党的十八大再次提出“要深化群众性精神文明创建活动，广泛开展志愿服务，推动学雷锋活动、学习宣传道德模范常态化”。为了保证学雷锋活动的常态化，从中央到各地都相继制定出诸多有力措施，从制度化、规范化的角度探索常态化的新途径。

学雷锋常态化的核心是延续传承雷锋精神。雷锋精神是中华民族精神的重要内容，学习雷锋精神是当前加强社会思想道德建设的需要。学雷锋常态化的提出赋予了“学雷锋”全新的理念。“常态化”就是将非常规、不普通、不平常的事物或状态转变成正常、普通、平常的状态。学雷锋常态化立足于贴近实际、贴近生活的个人品德建设，聚焦于日常生活中的实践，注重于广大人民群众的积极参与。新时期的“学雷锋”是全民参与的精神建设，“常态化”成为新时期学雷锋活动的主题。

1. 青少年学习雷锋常态化

学雷锋常态化强调以青少年为重点，以大学生为主体，学雷锋活动将纳入学生综合素质评价体系，纳入中小学生思想道德教育和大学生思想政治教育工作质量评价体系。全国青少年学生要广泛开展以“弘扬雷锋精神、做全面发展一代新人”为主题的教育实践活动；开展以学雷锋为主要内容的志愿服务；深入推进以雷锋精神为重要内容的校园文化建设；开展“雷锋式学校”、“雷锋式班级”、“雷锋式青少年”创建和命名活动。校园是青少年实践学雷锋精神的主阵地，校园学雷锋常态化建设的实现具有重大战略意义。

校园学雷锋常态化作为校园道德建设的重要组成部分，为校园学雷锋的理念转变指明了新的发展方向，其新时期的时代理念伴随着道德建设的发展呈现出新的发展态势：

首先，从政策性到常态化的发展。

雷锋精神是在政策环境中不断传承的。学校组织开展“学雷锋月”、“学雷锋周”、“学雷锋日”等各种活动来学习、弘扬、践行雷锋精神，然而在政策环境下的学雷锋活动容易形成阶段性、形式化的不良效果，形成“为了学雷锋而学雷锋”的尴尬局面，而学雷锋常态化是突破此类难题的关键。校园学雷锋常态化是将学雷锋融入学生的日常生活，推进雷锋精神的校园文化建设，培养雷锋精神的一代新人，引导广大师生努力在日常的工作生活中传播、弘扬和践行雷锋精神。

其次，从模仿行为到内化精神的转化。

心理学研究表明，人是最富有模仿性的生物，人的大部分行为是模仿行为，而榜样则是模仿行为发生的关键。对先进人物和事迹的效仿是提升道德觉悟和修养的直接途径，然而校园学雷锋常态化需要从模仿行为向内化精神进行转化。内化雷锋精神是提升学生思想道德修养的需要。雷锋精神的实质是“全心全意为人民服务”，用雷锋精神感化思想、提升觉悟，让雷锋精神内化为价值观来指导实践活动，价值观的指导相对于模仿行为更具有科学性和稳定性。

最后，从雷锋精神到民族精神的升华。

雷锋精神具有时代性，不同时代的雷锋精神凝聚着不同时代的价值观；雷锋精神具有民族性，雷锋精神是时代民族精神的集中体现。雷锋精神在形式和内容上体现着时代性和创新性，例如“希望工程”、“志愿服务”等雷锋精神的核心是扶危济困、无私奉献的民族精神。校园学雷锋常态化是对雷锋精神的弘扬，更是对中华民族精神的践行。以校园学雷锋常态化为契机推进学生的民族精神建设，是校园道德建设的现实需要，是培养振兴民族的高素质人才的必然要求。

校园学雷锋是学校榜样教育的典型示范。榜样教育就是利用榜样的影响与作用，实现教育或教化目的的社会实践活动。榜样教育在中国现代的道德教育活动中占据着重要的位置。在榜样教育中，榜样范例作为思想道德信息的承载体，为社会成员提供了具体的道德期望和行为动力。而在学校的榜样教育中，榜样典型为学生提供了具体的行为参照，是学生的道德模范。雷锋是学校教育的永恒榜样，那么如何实现学雷锋常态化，将雷锋精神在校园发扬光大?

第一，树立校园的雷锋榜样。

“榜样人物对青少年的励志教育作用较大”，以学校自身的特性为视角，树立校园雷锋榜样是实现学雷锋常态化的有效路径。人是社会中的人，具有极强的模仿能力。当一个人受到周围人的表扬和肯定时，也会有众多的参与者跟随进来。雷锋精神是以雷锋的精神为基本内涵的，因此，学习雷锋很大程度上是学习雷锋的事迹和精神。但随着时代的发展，雷锋的形象越来越完美，越来越高大，这就脱离了我们的视线，雷锋也就显得不真实。这些都对雷锋精神的传扬产生了很大的影响。当雷锋“谈恋爱”、使用英国手表等事件曝光后，虽有损雷锋的完美想象，却容易让更多的人接受，因而在一定程度上也对雷锋精神的传扬产生了很大的影响。

第二，开展践行雷锋精神的教育实践活动。

通过悬挂宣传标语、设立宣传专栏、组织座谈会等多种方式开展活动；组织学生通过主题演讲、报告座谈、读书征文等多种形式来了解雷锋的先进事迹，感悟雷锋时代精神。积极倡导鼓励师生参加内容丰富的学雷锋实践活动和各种形式的志愿服务实践，亲身践行“为人民服务”的雷锋精神。丰富校园网络的学雷锋资源，通过网络教育宣传来弘扬雷锋精神。推动雷锋精神的校园文化建设，使雷锋精神成为校园文化精神的重要组成部分，发挥校园文化软实力践行雷锋精神。

第三，丰富校园弘扬雷锋精神的书籍、影视资源。

名人纪实传记对青少年影响很大，“名人传记”在青少年励志教育中具有重要的作用。学生的思想，除了周围的环境影响外，很大程度上还与受所接受的教育有关。因而，与教育联系最密切的书，必然会对学生的思想产生重大影响。学习雷锋精神，实现雷锋精神的常态化，就必须丰富雷锋精神的书籍、雷锋精神的影视剧作。充分利用校园里的媒体资源，借助观看影视片这种寓教于乐的形式弘扬雷锋精神，有助于推动校园学雷锋常态化的实现。

2. 大学生学习雷锋常态化

大学生，理应是学习雷锋精神的主力军，尤其是作为积极向党靠拢的成员，把学习雷锋精神常态化当作当代社会主义核心价值观来发扬和丰富，使雷锋精神真正成为我们的时代精神就显得尤为重要。在过去的许多年里，学习雷锋活动存在很大缺陷，内容死板，形式僵化，雷锋精神却没有得到真正的传承，雷锋精神中那种生机勃勃的活力有所减弱，雷锋式的燃烧激情将被淡忘。因此学习雷锋，弘扬雷锋精神必须要与时俱进，将学习雷锋精神常态化。其中，需要我们注意以下几点。

其一，时代虽已发生很大变化，但雷锋精神并没有因为时代的变迁而落伍。雷锋精神的精髓是“全心全意为人民服务”，而为人民服务也正是党的宗旨，是一名党员最基本的准则，做到全心全意为人民服务，这也是我们积极向党靠拢的根本。同时，正是雷锋精神内在的一致性，从而使雷锋精神以新的形式在新的时代获得了生命，使得雷锋精神具有了更大的生命活力。

其二，发扬雷锋同志对待学习的勤奋精神，努力学习科学文化知识。新时代里经济全球化、教育国际化、知识信息化以及科技产业化的进程大大加快，人才是第一资源的思想深入人心。只有认真学习，掌握丰富的文化知识与精湛的专业技能，才能胜任未来的工作，才能更好地为人民服务。还要发扬雷锋同志对待学习的钻研精神，努力攀登科学高峰。雷锋同志说："钉子有两个好处：一个是挤劲，一个是钻劲。"在平常的学习中，我们也理应发扬钉子精神，努力钻研知识。

其三，雷锋毫无自私自利之心，把毫不利己专门利人看作是最大的幸福和快乐，我们提倡学雷锋，提倡奉献精神和牺牲精神，并不意味着可以不要个人利益，不讲按劳分配。如果每一个人都能做到"我为人人"，那么，对于整个社会来讲，自然就做到了"人人为我"。

其四，始终坚持艰苦奋斗，艰苦奋斗是中华民族的优良传统，也是雷锋精神的内涵，我们在学生中提倡学雷锋，提倡艰苦奋斗，并不是要他们再去做"苦行僧"，再过清苦的生活，也不是否定合理的物质利益，而是要培养学生反对个人的高消费和奢侈浪费。作为一名当代大学生，必须提高自身水平，这就要有能吃苦耐劳的品质，要像雷锋那样，不管处在顺境还是逆境，都始终保持谦虚谨慎、不骄不躁的作风，始终保持艰苦奋斗的作风，做一颗永不生锈的螺丝钉，在本职岗位上兢兢业业、努力工作，在日常生活中勤俭朴素、厉行节约，坚决反对贪图享受、铺张浪费的不良风气，用自己的诚实劳动创造美好的生活。

其五，要大力弘扬社会主义核心价值体系，树文明新风。把学雷锋活动与精神文明创建活动结合起来，与学习型、服务型、创新型党组织建设及发挥党员先锋模范作用结合起来，与社会志愿服务、讲文明树新风等活动结合起来，实现学雷锋活动同其他工作相互融合、协调推进。

3. 政府等学习雷锋常态化

各级政府、教育主管部门要进一步加强组织领导，充分认识新时期开展学雷锋活动的重要意义，不断掀起学习雷锋活动的新高潮。与此同时，还要认真总结交流新的经验，研究解决新的问题，强化督促与检查工作，确保学雷锋活动坚持不懈、常抓常新。

首先，形成长效的工作机制。在现实社会中，时时都可学雷锋。地方政府、教育主管部门要将学雷锋活动当作一项常态的工作来抓，列入年度工作计划和安排，制定完善考评措施，将学雷锋活动纳入学习、工作和管理的评价体系。适应时代发展要求，逐步创新学雷锋活动的内容、载体和形式，使之不断地焕发出生机活力。学雷锋活动是一项社会系统工程，要让学雷锋活动在全社会常态化开展，需要建立各方面协同共进、齐抓共管的长效机制。有关部门要各负其责，有关方面要积极配合，社会各界要广泛参与，加强统筹协调、督促检查，做到措施到位、责任到位、保障到位。

其次，注重工作的实际效果。学习雷锋精神，需要立足岗位，在做好本职工作中学雷锋。否则，就是让雷锋精神远离现实生活，也就难以长期坚持，难免流于走过场；在学习活动中，天天都要讲实效。地方政府、教育主管部门要坚持求真务实、真抓实干，严防走过场、搞形式主义。要结合实际、发挥优势、突出重点、强化特色，运用人们喜闻乐见的方式，搭建便于参与的平台，开辟乐于接受的渠道，调动社会各界的积极性、主动性，扩大活动参与的覆盖面，增强工作的针对性、实效性。

从整个雷锋精神发展历程来看，雷锋精神生成于 20 世纪 60 年代。五十多年来，他的名字为一代又一代人所传颂，他的精神激励了一代又一代人。今天，我们应立足于深入推进社会主义核心价值体系的高度，做好学雷锋活动的常态化文章。

首先，雷锋精神具有可学性。雷锋精神是一个平凡的人立足平凡岗位铸就的崇高精神财富，比如干一行爱一行、专一行精一行的敬业精神，服务人民、助人为乐的奉献精神，锐意进取、自强不息的创新精神，艰苦奋斗、勤俭节约的创业精神，这些精神要素人人都需要学，人人都可以学，而且人人都可以在立足平凡岗位、立足点滴生活中学好。推进学雷锋活动常态化，必须进一步挖掘雷锋精神的时代化内容，发挥雷锋精神人人可学的优势，以人格化的示范教育推进社会主义核心价值体系建设。

其次，雷锋精神具有恒久性。历史与实践证明，雷锋精神具有与时俱进的鲜明品质和时代特点，可以说学雷锋只有进行时没有完成时，是时时需要学，而且时学时新。胡锦涛同志指出："雷锋这个光辉的名字和他崇高的精神品格，在历史发展中始终焕发着光彩。"几十年来，在雷锋精神的感召下，雷锋式的英模人物，如璀璨夺目的群星，交相辉映；全心全意为人民服务的雷锋精神，像永不熄灭的火炬，代代相传。推进学雷锋活动常态化，必须进一步挖掘雷锋精神常学常新的优势，为社会主义核心价值体系的时代化注入新的精神力量。

再次，雷锋精神具有普遍意义。雷锋精神鲜明回答了一个人为什么活以及怎样活这个关于人的根本性问题。"雷锋精神"中的一系列道德元素，不仅是当代中国的先进文化，也是全人类应有的价值追求。当前，“雷锋精神”已经传到了世界上几十个国家，可以说雷锋精神不但属于中国，而且属于全世界。美国《时代周刊》曾如此称赞：“雷锋品牌是中国人民也是全人类共同的精神财富。”几十年来，在平凡中默默奉献，在帮助他人中获得内心快乐的雷锋精神，永远是抚慰我们心灵的可亲、可信、可学的现实榜样。时光流逝，雷锋精神不仅没有褪色，反而在实践中不断被赋予新的时代内涵，温暖着你我，感动着世界。

雷锋精神的可学性、恒久性、普适性，决定了学雷锋活动能够而且必须常态化。推进学雷锋活动常态化，从工作层面来说，主要应做到如下几个方面：

一是要把学雷锋活动提到应有的高度来认识。在新的历史条件下，深入开展学雷锋活动，大力弘扬雷锋精神，对于激发人们思想道德建设热情，倡导文明新风，匡正道德失范，矫正诚信缺失，提高公民思想道德素质和社会文明程度，引导人们做中华民族传统美德的传承者、社会主义道德规范的实践者、良好社会风尚的创造者，具有十分重要的现实意义。当前特别是要把学雷锋活动作为深入推进社会主义核心价值体系建设的重要载体、作为建设社会主义文化强国的必然要求来认识，努力形成人人学雷锋、时时学雷锋、处处学雷锋的浓厚社会氛围。

二是要把学雷锋活动作为重要的工作品牌来推进。自“社会主义核心价值体系”这一概念明确提出以来，如何实践社会主义核心价值体系可以说抓手很多、载体也很多，但内涵高度契合、群众基础广泛并且能够长期实施、效果明显的抓手并不多。学雷锋活动基础扎实、影响广泛，而且主题鲜明、长效明显，应作为深入推进社会主义核心价值体系建设的重要活动来谋划。

三是要把学雷锋活动作为长效机制来建设。过去之所以产生所谓“雷锋叔叔没户口，三月来了四月走”的现象，主要是没有从长效机制的高度来统筹谋划学雷锋活动。要把学雷锋活动贯穿于社会主义核心价值体系建设的始终，在建立工作机构、健全激励机制、完善考核体系等各方面做出硬性规定。

雷锋不是一朝一夕所能培养和造就的，雷锋精神也难以凭一场活动来发扬光大！要使雷锋精神真正深入人心，切实起到鼓舞人、激励人、塑造人的效果，需要政府和全社会踏踏实实地采取措施，把相关教育制度化，把行为指引常态化，弘扬正气，打击歪风，宣传先进事迹，净化社会风气，帮助人们尤其是青少年树立正确的人生观和价值观，使雷锋形象和雷锋精神在全社会的思想意识领域扎根发芽、开花结果，如此，则神州大地处处有雷锋。

（三）内化于心　外化于行

内化就是指把外在的价值追求与内在信仰融合在一起，进而转化成一种潜在的动力并一直蕴含于心，从而转化成不竭动力，外化于行，见之于果。思想是行动的先导。培根在《习惯论》中写道："思想决定行为；行为决定习惯；习惯决定性格；性格决定命运。"思想决定行动，是行动的先导和动力。人们无论做任何事情，都是先有思想、后有行动。有正确的思想才有正确的行动，有积极的思想才有积极的行动，有统一的思想才有统一的行动。列宁同样也论述了思想理论的重要性，"没有革命的理论，就没有革命的实践"；"只有具有革命理论的战士，才能实现革命战士的作用"。马克思也非常重视理论的作用，他在 1844 年 1 月所写的《黑格尔法哲学批判导言》中，一方面强调了理论的重要作用，另一方面也指出了理论必须与实践相结合才能发挥巨大的作用。他指出："批判的武器当然不能代替武器的批判，物质的力量只能用物质力量来摧毁；但是理论一经掌握，群众也会变成物质力量。""哲学把无产阶级当作自己的物质武器，同样的，无产阶级也把哲学当作自己的精神武器。"以后，马克思又在 1844 年所写的《经济学哲学手稿》一书中更加明确地指出："解决理论上的疑难，这是实践的任务，而且必须通过实践才能实现。真正的实践，是现实的积极的理论的条件。"确立坚定的内心信仰与价值追求，是思想建立的过程。确立了内心信仰与价值追求之后，能不能由此笃定而行之，就需要把内心的信仰与价值追求内化于心，才能一直坚定信念，追求不止，奋斗不息，进一步外化于行，达到行动的实在。

学习雷锋，就是学习雷锋的奉献精神、敬业精神、创新精神和创业精神。如果没有把雷锋的这些精神内化于心，就不会有久远的外化于行。人们只会在有外力的宣传与鼓动之时，才被动地去做点所谓的"好事"、"善事"。一旦没有外力的催化，行为人也就不会再去做那些所谓的"好事"、"善事"。要想让学雷锋成为一种常态，那就必然要让雷锋精神常驻人们的心田，内化成一种行为人内心的价值信仰追求，才能让学雷锋历久弥坚，永放指引人们善行的光芒。

当下社会，有一种不好的善行抑制现象。那就是阻碍人们善行的负向效应。就像小悦悦被车碾轧之后，路人不敢上前相救，因为人们害怕被他人误以为自己是肇事者。还有肇事司机怕被索取更多的赔偿，不顾伤者死活再碾轧一次，以求以后不再有太多的“麻烦”，有机会时更会逃之夭夭。这种怕牵连、求痛快的心理最终造成了一种让人心寒的场景——太多的漠然与置之不理。在这种尴尬的社会境地中，如果没有把做善事、行善行的雷锋精神内化为内心的价值追求和信仰，类似的悲惨事件可能还会上演许多起。所以，除了法律对肇事行为严重惩罚外，最本真的追索应该是把向善的精神内化为人们的价值追求和信仰，使学雷锋、行善行成为人们行为的常态。

雷锋对同志就像春天般温暖，他把好处和享受让给别人，把辛苦和劳累留给自己，把帮助别人当作人生最大的快乐和幸福。在发展社会主义市场经济的条件下，我们仍然要以雷锋同志为榜样，把“有限的生命投入到无限的为人民服务中去”，用实际行动促进团结友爱、诚实守信、助人为乐、见义勇为的良好社会风气的形成，自觉做中华民族传统美德的传承者、社会主义道德规范的实践者、新型人际关系的倡导者。

雷锋精神是一种助人为乐、无私奉献的道德品质，非能一蹴而就和姑且为之，只有内化于心，使其演变为人们自觉的思想意识，雷锋精神才能薪火相传、生生不息。

内化于心，心存善念，外化于行，动而求善。内化笃行让雷锋精神永放光芒，永驻世间！

雷锋精神弥足珍贵，还在于它代表了一种对美好人际关系和良好社会风气的向往和期待。雷锋所经历的新旧社会的对比，使他总是对身处的新社会怀着一份温暖的情感。他看到了国家的发展、社会的进步、人与人的平等、同志间的友爱互助。正是这一份温暖的情怀，使他总能以积极向上的态度看待周围的一切，总能以最大的善意对待他遇到的人，并付诸真诚的行动。任何时代都需要这样的“正能量”。一念之善，能够积蓄整个社会向善的动力；举手之劳，能够加筑整个社会向上的基石。从自己做起，从身边做起，从日常小事做起，只要越来越多的人能更多地去发现正能量、创造正能量、传递正能量，我们的社会就会更加美好。

参考文献

[1] 总政治部. 雷锋日记选 [M]. 北京：解放军文艺出版社，2003.

[2] 鞠华. 庐山会议转向的原因、后果及其教训 [J]. 延安大学学报（社会科学版），2003，30（6）.

[3] 耿步健. 关于社会主义集体主义的历史考察与再认识 [J]. 马克思主义与现实，2007（5）.

[4] 冷洋. 做雷锋式员工 [M]. 北京：中国经济出版社，2008.

[5] 黄昭彦. 集体主义与个人主义在当代大学生价值观教育中的有效结合 [J]. 传承，2010（2）.

[6] 中共中央党史研究室. 中国共产党简史 [M]. 北京：中共党史出版社，2010.

[7] 中央文献研究室. 中国道路——马克思主义经典文献的回顾 [M]. 北京：中央文献出版社，2011.

[8] 栾艾华，王玉莉. 浅析雷锋精神内化在公民

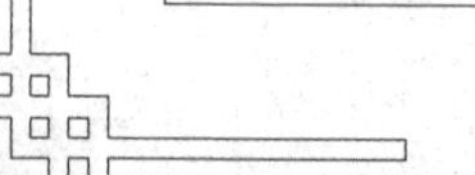

道德建设中的作用［J］. 辽宁行政学院学报，2011，13（4）. ［9］邢华琪. 雷锋全集［M］. 北京：华文出版社，2012.

［10］黄亚洲. 雷锋［M］. 北京：华夏出版社，2012.